IM REICHE
DES TLATOANI

Hans Roßdeutscher

IM REICHE DES TLATOANI

Bilder und Berichte aus dem Lande der Azteken und Mayas

Verlag Welsermühl

Für meine Mutter

Bis auf die Aufnahmen zum Thema »Acapulco«,
die freundlicherweise Herr Ernst von Euen, Mengen/Freiburg, zur Verfügung stellte,
stammen sämtliche Abbildungen vom Autor.

Inhalt

Professor Arzápalo war mir schon seit vielen Jahren bekannt. Damals hatte er einen Forschungsauftrag an der Universität Bielefeld. Er befaßte sich mit den verschiedenen Mayadialekten, und vor allem auch mit der Entzifferung der *Glyphen*. Dann, vor etwa drei Jahren, war dieser Auftrag abgeschlossen, und er fuhr mit seiner Familie wieder in seine Heimat Mexiko zurück. Einige Zeit habe ich dann nichts mehr von ihm gehört, bis ich ihn eines Tages in einer Fernsehsendung wiedersah. Er berichtete über verschiedene Mayastätten in Yukatan. Eine Verbindung zu ihm war schnell wieder hergestellt, und da meine zweite Mexikofahrt längst geplant war, wurde eine Verabredung in D. F. (Distrito Federal, Kurzbezeichnung für Mexico City) getroffen.

Das Wiedersehen fand im Hotel »Galeria Plaza« in der *zona rosa* statt. Wir begrüßten uns wie alte Freunde. Hier, in seiner Heimat, sah er gar nicht mehr so fremdartig aus wie in Deutschland. Er war nicht allzu groß, das bunte T-Shirt spannte sich um seinen muskulösen Körper, braune Augen, schwarze Haare, kurz, seine indianischen Vorfahren waren nicht zu verleugnen.

Ein unglaublicher Vortrag

Längst hatte Señor Arzápalo mit einem Dozenten der UNAM (am Stadtrand liegende Universität der Stadt; UNAM: Universidad Nacional Autonoma Mexicana) verabredet, daß ich als Gasthörer für einige Tage an einer gerade laufenden Einführungsvorlesung über mexikanische Geschichte teilnehmen durfte. Auf dem Weg dorthin wurde aus dem ansonsten so ruhig wirkenden Professor ein temperamentvoller Erzähler, der mir mit knappen Sätzen etwas über seine Heimatstadt berichtete:

Alles sei anders geworden im Lande Mexiko, und in der Stadt, die früher Tenochtitlán hieß, erst recht. Wie anders die Stadt früher ausgesehen hat, weiß heute niemand mehr zu sagen. Wir wissen nur, daß die alte Stadt Tenochtitlán in einem See lag, nur durch Dämme mit dem Festland verbunden. Gleichzeitig konnte man sich auf diese Weise auch gut gegen immer wieder nachrückende fremde Stämme verteidigen. Gegen diese fremden Stämme ja, nicht aber gegen jene Teules (Götter), die vom Meer her kamen, die auf »Hirschen«

9

saßen und die mit ihren Büchsen und Kanonen vorher nie gesehenes Unheil anrichten konnten. Was sollten da die unzähligen Herzen ausrichten, die, dampfend noch, eben menschlichen Körpern entrissen, den Schlünden der Göttergötzen geopfert wurden, so viele, daß sie selbst diesen oben wieder herauskamen. Um Christi willen, soviel Menschenverachtung mußte bestraft werden, konnte und durfte nicht ungesühnt bleiben. Und so kam es auch! Einige spanische Hidalgos (Ritter) und ihr Gefolge von zerlumpten, goldgierigen Habenichtsen, das zum Teil aus eben erst zum Christentum übergetretenen Arabern oder Juden bestand, die sich im Spanien der Inquisition nicht mehr sehen lassen durften, leisteten ganze Arbeit. Wie einst Karthago von den Römern wurde die »Eine Stadt« (aztekische Bezeichnung für Tenochtitlán) dem Erdboden gleichgemacht. So vollkommen zerstört wurde sie, daß selbst die vor den Spaniern und deren Hilfsvölkern geflüchteten ehemaligen Bewohner der Stadt, diese schon nach wenigen Wochen nicht mehr wiedererkannten.

Ein Gedenkstein zum Schämen?

Das Unfaßbare geschieht Jahrhunderte später: Ein Stein auf dem »Platz der Drei Kulturen« gibt Auskunft darüber, was die brutale Vergewaltigung indianischer Frauen und Mädchen bewirkt hatte. In der letzten Schlacht um Tenochtitlán, am 13. August des Jahres 1521, gab es weder Sieger noch Besiegte, heißt es dort. Weder Cortés, der Spanier, gewann, noch Cuauhtemoc, der letzte Aztekenkaiser, verlor. Nein, hier wurde eine neue Rasse »geboren«, aus der das Volk der Mexikaner hervorging, die Rasse der Mestizen. Und darauf soll es stolz sein, das Volk, das aus den siegenden Schurken und den fraternisierenden oder »Frau-komm«-Frauen geboren wurde, denn Spanierinnen gab es keine im Mexiko des Jahres 1521.

Der Schock

Niemand wußte vom anderen, obwohl man doch seit 1492, dem Jahr der Entdeckung Amerikas, auf einen Steinwurf einander näher gekommen war. Die Spanier waren damit beschäftigt, ihre Verwaltung in Neuspanien (Kuba) einzuführen und die Insel unter sich aufzuteilen. Die dort wohnenden Eingeborenen wurden fast bis auf den letzten Mann ausgerottet. Sie standen ohnehin nur im Wege und taugten nicht zur Arbeit. Noch gab es auch keine Flüchtlinge, die Moctezuma oder dessen Vorgänger Ahuizotl oder dessen Vorgänger Zipoc von den Ungeheuerlichkeiten hätten berichten können, die die Spanier unter den Eingeborenen anrichteten. Der Fidel Castro – der Vergleich sei erlaubt –, wegen dem man Kuba im Jahre 1519 hätte verlassen müssen, hieß *Diego Velasquez*.

Wäre für die Indios alles besser gelaufen, wenn man besser vorbereitet gewesen wäre? Kaum! Die Waffen- und Kriegstechnik der Spanier war zu überlegen, der Zwiespalt der Bewohner untereinander war zu groß. Zwar beherrschten die Azteken viele Völker und Stämme, forderten und bekamen von ihnen Jahr für Jahr Tribute. Aber die so Beherrschten oder Unterdrückten waren schon lange unzufrieden, rüttelten insgeheim an ihren Ketten, warteten nur auf eine Gelegenheit sich zu befreien – und da kamen ihnen die Spanier gerade recht. Mit denen ließ es sich leicht siegen,

hofften sie, nachdem sie sich selbst im ersten Aufbegehren blutige Köpfe geholt hatten. Also auf nach Tenochtitlán! Nieder mit den Azteken! Tausende folgten allzugern diesem Ruf. Sie wollten zurückholen, was Väter, Großväter und Urväter an Tributen abliefern mußten, wofür man jahraus, jahrein geschuftet hatte, was man in mancher Liebesnacht gezeugt hatte – denn auch die hübschesten Mädchen und die kräftigsten Jungen wurden von den aztekischen Inspektoren ausgesucht. Die einen als Gespielinnen, die anderen als Lustknaben, denn der Adel, die verschiedenen Ritterorden, kannten sich aus in den Genüssen des Lebens.

So war die Lage am Vorabend der Eroberung im Lande des Tlatoani.

Die Azteken allein waren nicht Mexiko

Aber, und auch das muß gesagt werden, die Azteken kamen nicht etwa in ein Land, das weiß war auf der Landkarte von damals. Viele Völker lebten dort oder waren bereits wieder untergegangen, verdrängt von anderen, die oft im Rausch ihrer Siege alles zerstörten, vernichteten, die ihre Triumphe feierten, sich absorbieren ließen, wie es immer war – nicht nur in Mexiko, auch in Asien oder in Europa, dessen Grenzen uns seit jeher vertraut sind, und die doch auch nicht immer da waren, wo sie heute sind.

Weit müßte man laufen im Lande des Tlatoani, viele, viele Pyramidenstufen müßten erstiegen werden, um den Überblick zu bekommen, der

sonst nur den Göttern vorbehalten war, bestenfalls noch deren Dienern. Beispielsweise den Überblick vom *El Castillo*, der Hauptpyramide von *Chichén Itzá*, von der noch älteren Sonnenpyramide in *Teotihuacán*, von der *Morgensternpyramide* in Tula, von wo man in Nachbarschaft mit den steinernen Gestalten der *Atlanten* in das Land der Tolteken schauen könnte. Müßte man nicht in mondheller Nacht oder an sonnengleißenden Tagen warten, ob sie einem nicht aus vergangenen Tagen, aus längst vergangenen Zeiten erzählten?

An den Pyramiden, an noch vorhandenen Bauwerken oder Ruinen, an Reliefs und Plastiken werden die frühen Völker heute eingeordnet. Hier die *Olmeken*, dort die *Zapoteken*, die *Tolteken*, die *Azteken* und wie sie alle heißen.

Viel gründlicher als bisher werde ich die alten Stätten besuchen, das jedenfalls hatte die Kurzgeschichte Professor Arzápalos bewirkt. An der Universität lieferte er mich rechtzeitig ab: »Hasta luego y que se diverta bien« (bis später und viel Spaß).

Ich trat in einen Hörsaal, in dem sich schon fünfundzwanzig oder dreißig Studentinnen und Studenten aufhielten, und schlängelte mich gleich in die hinterste Reihe. Wenige Minuten später begann der Dozent, ein Mann mit einem Riesenschnäuzer à la *Zapata*, des mexikanischen Bauernführers aus den Anfangsjahren dieses Jahrhunderts, mit seinem Vortrag.

Geschichte Mexikos im Überblick

Was sich *vor* der Eroberung durch die Spanier in Mexiko zugetragen hat, liegt oft noch im dunkeln. Nur teilweise können manche Ereignisse und die Lebensweise verschiedener Völker zusammengetragen werden. Die heutigen Namen vieler Völker und Orte haben mit den Originalnamen meist nichts zu tun. Viele Pyramiden und Bauwerke, Keramiken und kultische Gegenstände, und vor allem sehr viele Reliefs, sind noch vorhanden und sind oft die Prunkstücke der Museen in den verschiedenen mexikanischen Regionen. In fast allen archäologischen Zonen gibt es beispielsweise Ballspielplätze in gleicher Anordnung – die genauen Spielregeln sind aber bis heute unbekannt. Auf einigen Reliefs sieht man, wie Ballspieler getötet werden! War dies das Los der Verlierermannschaft? Ebensowenig kann etwas mit den Schriftzeichen (Glyphen) angefangen werden, die zu Abertausenden gefunden wurden und von denen bis heute nur ein Bruchteil entziffert ist.

Fragen über Fragen

Doch fangen wir noch weiter vorn an. Es scheint, daß die ersten, nach denen heute in diesem Raum eine Kultur benannt wird, die *Olmeken* waren. In ungefähr fünfhundert Jahren, von 1000 bis 500 v. Z., schufen sie eine Kultur, die noch lange nach dieser vage festgelegten Zeitspanne den Raum der Golfregion bis weit hinein ins Innere des Landes kulturell befruchtete. Ihren Nachlaß fand man größtenteils in Villahermosa und Umgebung in Form der riesigen Köpfe mit den so eigenartig ausgeprägten Gesichtern. Eine unübertrefflich gute Beschreibung über die Olmeken kann bei Egon Erwin Kisch nachgelesen werden, der aufgrund der gefundenen Köpfe (Babyfaces) genau ihr Aussehen und ihre Gebräuche beschrieb – nur über ihre Herkunft und über ihren wahren Namen rätselt er wie alle Forscher auch. Heute wird vermutet, daß sie gar an der Anlage von *Monte Albán* mitgebaut oder daß sie diese zumindest mit beeinflußt hätten. Beherrschten die Olmeken ein Reich, das von Villahermosa am Golf von Mexiko bis nach Monte Albán im Südosten des Landes, im heutigen Staat Oaxaca, reichte? Die Anfänge Monte Albáns und die Kultur der Olmeken laufen ziemlich parallel. Monte Albán allerdings wurde noch bis in das Jahr 1200 n. Z. bewohnt. Und was ist mit *Teotihuacán*, das um das Jahr 0 erbaut und um 700 von seinen Bewohnern verlassen wurde? Die großartigen Pyramiden, der Tempel Quetzalcoatls, die Quartiere der Priesterschaft zählen noch heute zu den besterhaltenen Ruinenstätten der präkolumbianischen Zeit. Teotihuacán soll die damals größte Stadt in diesem Raum gewesen sein! Man vermutet, daß Eindringlinge, vielleicht ganze Völkerscharen, von Norden her in diesen Raum stießen – und vor diesen seien die Bewohner der Stadt geflohen. Schon lange vor den Azteken war Teotihuacán eine Ruinenstadt. War einer der Stämme, die in diesen Raum eindrangen, jener der Tolteken? Ursprünglich soll es ein sehr kriegerischer Stamm gewesen sein, der nicht weit von

Teotihuacán seine Hauptstadt Tollán (Tula) baute. Ein gut erhaltener Ballspielplatz, die Grundrisse einiger großer Gebäude, vor allem aber die Pyramide des Morgensterntempels mit seinen vier steinernen Säulen, den Atlanten, denen die toltekischen Künstler das Aussehen streng blickender Krieger in voller Bewaffnung gaben, sind die besten Zeugnisse ihrer Kunst. Dieser ehemalige Soldatenstamm entwickelte sich später zu einem Volk von Künstlern und Baumeistern, deren Fertigkeiten im gesamten mexikanischen Raum gern gesehen wurden. Schon an diesen kurzen Sätzen ist zu erkennen, wie schwer eine genaue Ordnung in die sich oft nebeneinander entwickelnden Völker, Volksstämme oder Kulturen zu bringen ist.

Der geographische Raum

Zunächst sollte man sich die Geographie des Landes genauer betrachten. Heute ist es *ein* Land, das Mexiko, oder besser Vereinigte Staaten von Mexiko, heißt.

Früher war das anders. Als die Spanier 1519 zum ersten Male mexikanischen Boden betraten, trafen sie auf die verschiedensten Bevölkerungsgruppen mit unterschiedlichster Lebensweise. Menschen, die in den Küstenregionen des Landes wohnten, andere, die aus den Tälern des gebirgigen Landesinneren kamen, jene aus dem steppenartigen Norden, und wieder andere aus den Regenwäldern Yucatans. Sie alle bewohnten eine Fläche von zirka 2 000 000 km², ein Gebiet, das ungefähr achtmal so groß wie die Bundesrepublik

ist. So gesehen wird einem schon eher klar, daß sich hier vieles nebeneinander entwickelte, sich überlagerte, einander ablöste. Bis dahin friedlich lebende Völker wurden von neuen landsuchenden Bevölkerungsgruppen aus dem schier unerschöpflichen Norden besiegt, vertrieben oder ausgelöscht. Manchmal gründeten Gruppen dieser Vertriebenen viele hundert Kilometer von ihrer ursprünglichen Heimat entfernt neue Städte und führten sie zu neuem Ruhm. Das beste Beispiel dafür sind die schon erwähnten Tolteken, die von Tula weggingen und in Chichén Itzá auf der Halbinsel Yukatan eine Stadt zu hoher Blüte brachten.

Wenn man sich die Landkarte betrachtet, sieht Mexiko wie ein verschobenes Dreieck aus, dessen

breite (nördliche) Seite an Nordamerika angrenzt und dessen südliche Spitze fast bis an Südamerika heranreicht.

Die rechte und linke Seite dieses Dreiecks werden vom Wasser begrenzt, und zwar auf der West-seite vom Pazifischen Ozean und auf der Ostseite vom Golf von Mexiko. Mit europäischen Maßen verglichen, entspricht die Entfernung von Nord nach Süd etwa der Entfernung von Südschweden bis nach Südspanien. Man braucht sich nur den

Atlas anzusehen, um sich die Länder des heutigen Europa in diesem Raum vorzustellen. Noch viel mehr Grenzen kann man erkennen, wenn man einen historischen Atlas aufschlägt und sich diese Fläche etwa zur Römerzeit oder im Mittelalter oder gar noch im vergangenen Jahrhundert ansieht. Bei der noch viel größeren landschaftlichen Vielfalt Mexikos kann man sich darum auch hier gut eine unterschiedliche Bevölkerung mit ihren kleinen und großen Reichen vorstellen.

Das Volk aus Aztlán

Von diesen Menschen aus Aztlán, der ursprünglichen Heimat der *Azteken* im heutigen Staat Jalisco, soll im folgenden hauptsächlich die Rede sein. Sie waren es, die die Hauptlast des Kampfes gegen die spanischen Eroberer zu tragen hatten. Ihre Hauptstadt *Tenochtitlán*, das heutige Mexiko City, war es, die die Begierde der Konquistadoren erweckte. An diese Stadt wurde Cortés seit seiner Landung in Mexiko (in der Nähe des heutigen Veracruz) von den Einheimischen immer wieder verwiesen. Dort wohnte der alles beherrschende König, der Kaiser, der sich bescheidenerweise »Menschenherr« nannte, und der in unvorstellbaren Mengen das haben sollte, wonach die Spanier seit langem gierten: Gold. Aber das war bereits zu Beginn des 16. Jh., dem Höhepunkt der aztekischen Kultur.

Erstmals hörte man im frühen 14. Jh. von den Azteca. Es ist auch die Rede davon, daß sie sich nach einem ihrer ersten Häuptlinge, der Mexitli geheißen haben soll, Mexica nannten. Wie so viele andere Stämme auch, waren sie auf der Suche nach Land. Vielleicht, weil ihre Heimat überbevölkert war, vielleicht aber auch, weil der Boden für die wachsende Zahl des Stammes nicht mehr genü-gend hergab. Aber wo auch immer sie hinkamen, nirgends mehr gab es noch freies Land, und von den dort bereits Ansässigen wurden die zerlumpten Gruppen der Azteken überall schroff abgewiesen. Wie einst das biblische Volk, wanderten sie, und wie auch dieses, folgten sie einer Weissagung. Nach dieser würden sie dort eine Heimat finden, wo sie einen Adler auf einem Kaktus sitzen sähen, der eine Schlange verzehrt. Sie fanden diesen Ort – nach fast hundertjähriger Wanderung – auf dem Hochplateau des Landes im Texcoco-See auf einer der vielen sumpfigen Inseln. (Der Adler, der auf einem Kaktus sitzend eine Schlange verzehrt, ist heute das Staatssymbol Mexikos.) So jedenfalls erzählt es der Mythos. Unter den Forschern, die sich mit der »wahren« Herkunft der Mexica befassen, gibt es andere Meinungen. Die einen halten es für außergewöhnliche Weitsicht, wenn sie die Mexica auf den Inseln des Texcoco-Sees siedeln sehen, weil sie dann, so meinen sie, fast unangreifbar gewesen sind. Sollten unter den Wanderern schon solche Strategen gewesen sein? Strategen, die die kommende Größe des Volkes der Mexica vorausgesehen haben? Andere meinen, daß die um den riesigen See herum siedelnden Völker den

Cortés

Der kleine Ort Medellín in der spanischen Estremadura hat sich in den vergangenen 500 Jahren nicht wesentlich verändert. Er ist der Geburtsort Cortés', des Eroberers Mexikos. Seine Einwohner errichteten ihrem berühmtesten Sohn dieses Denkmal. Nicht weit davon erinnert ein Mauerrest an die Stelle, an der einst sein Geburtshaus gestanden hat. Der Platz, auf dem sich beides befindet, trägt natürlich auch seinen Namen. Für die Indios entsprach die Art von Cortés' Ankunft in Mexiko der lange vorhergesagten Rückkehr des Gottes *Quetzalcoatl*, denn weder sahen sie je zuvor derartige Riesentürme (Schiffe), die sich mit Hilfe des Windgottes fortbewegen konnten, noch kannten sie solche »Hirsche« (Pferde), die manchmal mit den hellhaarigen Wesen verwachsen schienen, um sich plötzlich zu teilen und getrennt voneinander zu laufen. Cortés ließ sie bei diesem Irrtum. Von den Indios wurde er mit *Malinche* angeredet. Das war der Name jener aztekischen Prinzessin, die lange Zeit seine Übersetzerin und später seine Geliebte war. Für die Eingeborenen war Malinche Cortés' Zunge, und durch diese Personifizierung wurde er auch mit ihrem Namen angesprochen. Für die Menschen in Spanien blieb Mexiko so weit entfernt, daß nach den ersten abenteuerlichen Berichten von Cortés' Sieg in Mexiko und von den ungeahnten Reichtümern, die es dort geben sollte (von denen sie ohnehin nichts abbekamen), das Interesse an ihm bald erlosch und er schon zu seinen Lebzeiten in Vergessenheit geriet.

17

Torre Latinoamericana

Vom ca. 180 m hohen *Torre Latino-americana* hat der Besucher eine herrliche Aussicht auf die Stadt mit ihren Straßenzügen und auf die wichtigsten Gebäude. Allerdings ist Voraussetzung, daß er einen der wenigen klaren Tage erwischt, denn meist liegt über der Stadt eine Dunstglocke. Sehr häufig sieht man von unten nur die roten Leuchtziffern der Digitaluhr aus dem Smog herausleuchten. An klaren Tagen jedoch lohnen die Fahrstuhlfahrt hinauf ins 42. Stockwerk und die paar Stufen, die von dort bis zur Spitze des Turms führen. Fast in der Mitte des Panoramas erkennt man deutlich den *Zocalo* (Plaza de la Constitution) und die wehende grün-weiß-rote mexikanische Nationalflagge mit dem auf einem Kaktus sitzenden Adler, der eine Schlange frißt. Der Platz ist eine riesige asphaltierte Fläche, die von der Bevölkerung für alle möglichen Veranstaltungen genutzt wird. An besonders großen Festtagen wird sogar der Autoverkehr ferngehalten, was bei den Millionen von Fahrzeugen eine beträchtliche organisatorische Leistung erforderlich macht. Das langgestreckte Gebäude hinter der Fahne ist der *Regierungspalast*, und die beiden Türme links gehören zur Kathedrale (Catedral Metropolitana). Links hinter der Kathedrale befinden sich die Ausgrabungen des aztekischen *Templo Mayor* (Haupttempel) mit dem Freilichtmodell der alten »Einen Stadt« Tenochtitlán.

18

Platz der Drei Kulturen

Auf dem Gedenkstein, der auf dem *Platz der Drei Kulturen* steht, wird berichtet, daß am 13. August 1521 nach heldenhafter Verteidigung durch Cuauhtemoc – dem letzten Aztekenkaiser – Tlatelolco (der jetzige Platz der Drei Kulturen und Cuauhtemocs letzte Bastion in Tenochtitlán) durch Hernan Cortés fiel. Weiter heißt es auf dem Stein, daß es (der Sieg Cortés') weder Triumph noch Niederlage war, als vielmehr die schmerzliche Geburt des Volkes der Mestizen – das des heutigen Mexiko. Was sich wirklich in jenen Tagen in der Stadt abgespielt hat, mit wieviel Leid für die Indios diese Eroberung verbunden war, kann man nur ahnen, wenn man die Berichte der wenigen indianischen Überlebenden liest, die den Spaniern zu Protokoll gegeben wurden. Der Mittelpunkt der Welt, die »Eine Stadt«, wie Tenochtitlán von den Azteken liebevoll genannt wurde, war schon kurze Zeit nach dieser Niederlage nicht mehr wiederzuerkennen. Die wenigen Gebäude, die nicht von Kanonenkugeln zerstört und die nicht während der Kampfhandlungen niedergebrannt waren, wurden von Cortés' Mannen und seiner indianischen Hilfstruppe dem Erdboden gleichgemacht. Nichts sollte an die verhaßte Aztekenherrschaft erinnern! Neben den Gebäuderesten aus präkolumbianischer Zeit stehen die Ende des 16. Jh. erbaute Kirche Santiago de Tlatelolco und dahinter die schmucklosen Wohnhausfassaden aus heutiger Zeit. Viele »moderne« Wohnhäuser, Hotels und Krankenhäuser brachen bei dem schweren Erdbeben vom 19. September 1985 in sich zusammen. Nach offiziellen Angaben kamen dabei ungefähr 3000 Menschen um, und über 100 000 Einwohner der Stadt wurden obdachlos. Viele wurden lange Zeit notdürftig in Zelten auf dem Platz der Drei Kulturen untergebracht. Noch Ende 1986 wohnten in mehr als einem Dutzend Zelten Menschen, für die sich bis dahin noch keine andere Unterkunft gefunden hatte.

Nationalpalast und Chapultepec Park

Cortés errichtete den Regierungspalast des Vizekönigreiches Neuspanien genau an der Stelle, an der sich zuvor die Palastanlage Moctezumas befunden hatte, und in welchem er wenige Jahre zuvor mit seinen Soldaten als Gast Moctezumas Unterkunft gefunden hatte. Aus alten Berichten ist die großzügig aufgeteilte und mit vielen deko-

22

rativen Elementen ausgeschmückte Anlage bekannt, und die spanischen Soldaten konnten nicht genug darüber staunen.

Wenn man heute den *Palacio Nacional* vom Zocalo aus betritt, muß man zunächst an einer Wache vorbei und kommt in einen Innenhof, in dessen Mitte jetzt ein Springbrunnen steht. Es wird berichtet, daß in diesem Hof Amerikas erster Stierkampf stattgefunden haben soll.

Zu den Hauptattraktionen dieses Gebäudes gehören *Diego Riveras* Gemälde an den Wänden des ersten Stockwerkes (s. Muralisten).

Hier ist des Volkes wahrer Himmel, könnte man mit Goethe ausrufen, wenn man, besonders sonntags, zum *Chapultepec Park* hinausfährt und Hunderte Spaziergänger trifft. Am Ende des Promenadenweges steht das Denkmal der sechs Kinderhelden *(niños heroes),* die sich im mexikanisch-amerikanischen Krieg (1846–48), als Chapultepec letzte mexikanische Bastion war, in Fahnen gewickelt in den Tod stürzten, um nicht in amerikanische Gefangenschaft zu geraten. Ein Denkmal dieser überall verehrten Kinderhelden steht in vielen mexikanischen Städten.

Das Museum

Man sollte den Touristikunternehmen dringend empfehlen, daß sie für den Besuch des sicherlich schönsten Museums der Welt mehr als den Pflichtbesuch eines halben Tages ansetzen, an dem meist nur einige Säle, das in der oberen Etage befindliche Ethnologische Museum fast nie besucht werden. Man muß sich einfach die Zeit nehmen und das gesamte Museum auf sich einwirken lassen, und das fängt schon auf dem Vorplatz an, wo eine Riesensteinfigur, die wahrscheinlich den Regengott Tlaloc darstellt, steht (Bild rechts). Natürlich hat die fast 2000 Jahre alte Figur diese Zeit nicht schadlos überstanden. Sie zeigt aber, daß ihre Erbauer und das Volk, aus dem sie kamen, einen Hang zum Monumentalen hatten, denn immerhin wiegt dieser Steinkoloß über 160 Tonnen und ist an die sieben Meter groß. »Museo Anthropología« steht auf dem Marmorsockel, der jetzt das Fundament für diesen Riesentlaloc bildet. Wesentlich jünger ist das Museum. Es wurde im Jahre 1960 nach einer Bau-

zeit von nicht ganz 2 Jahren der Öffentlichkeit übergeben. Seine Fertigstellung war auch ein Wettlauf mit der zu Ende gehenden Präsidentschaft Mateos', der sich mit diesem Museum ein Denkmal setzen wollte. Viel zu selbstverständlich betritt der Besucher den großen Innenhof, der fast zur Hälfte von einer fast freischwebenden Platte überdacht wird (unten links), die von einer einzigen Säule – anaxial – getragen wird. Diese mit Reliefs versehene Säule wird von einem ständigen Wasserschleier umgeben, der vom Dach her nach unten fließt, um im Erdboden zu verschwinden, von wo er wieder nach oben gepumpt wird. Der nicht überdachte Teil des Hofes ist in der Mitte von einem Wasserbecken ausgefüllt, dessen Ränder mit Papyros bepflanzt sind. Um den Hof herum sind die Säle angeordnet, in denen die Fundstücke der verschiedenen präkolumbianischen Kulturen in fast chronologischer Reihenfolge angeordnet sind. (Die wertvollsten und schönsten Stücke wird man wohl nie mehr sehen können. Sie wurden in der Weihnachtsnacht vom 24./25. Dezember 1985 aus dem Museum gestohlen – trotz des Dutzends Wächter, die in dieser Nacht Dienst hatten.)

Kathedrale und Zocalo

Alle Städte, ja sogar die meisten Dörfer, haben ihren *Zocalo*. Den größten dieser Plätze jedoch besitzt Mexico City, die Hauptstadt. *Plaza de la Constitutión* (Platz der Verfassung) ist sein offizieller Name, seit Mexiko eine eigene Verfassung hat. Der Platz ist viel älter als der Staat Mexiko, er war

sogar schon alt, als Cortés mit seinen Soldaten in Tenochtitlán/Mexico ankam. Genau wie heute umrahmten ihn die wichtigsten Gebäude des Staates: die Teocallis, die Tempelpyramiden, der Hauptgötter der Azteken: *Huizilopochtli*, des Regengottes Tlaloc, Quetzalcoatls und vieler anderer mehr. Cortés ließ nach seinem Sieg (1521) die gesamte Stadt einebnen, um die neue Hauptstadt Neuspaniens zu errichten. An gleicher Stelle, wo zuvor die Schädel Geopferter aufbewahrt wurden (Tzompantli = Schädelgerüst), errichtete er 1525 eine Kirche. Rund 50 Jahre später, 1573, erging vom Aller-

katholischsten König in Madrid, Philipp II., der Auftrag, diese bescheidene Kirche in eine eindrucksvolle Kathedrale umzubauen. Niemand ahnte damals, daß sie in ihrer heutigen Form erst Anfang des 19. Jh. fertig werden würde. Die Mexikaner erklären stolz, daß sie das größte Gotteshaus auf dem amerikanischen Kontinent (ca. 100 m lang und 50 m breit) besitzen. Unter den vielen Altären im Inneren der Kathedrale soll nur der *Altar de los Reyes* (Altar der Könige) hervorgehoben werden, der 1716/17 beendet wurde. Er wurde besonders schön für den Besuch des spanischen Königs her-

gerichtet – der aber seinen geplanten Besuch absagte. Auf dem eingezäunten Vorhof der Kathedrale haben sich Devotionalienhändler und Tortillabäkkerinnen niedergelassen, während ihre Kolleginnen außerhalb der Umzäunung ihre tausendfach hergestellten Web- und Töpferwaren anbieten. Besonders die Nähe der Kathedrale scheint zu Manifestationen und Selbstdarstellungen jeder Art zu reizen: Im Geiste Zapatas, des Bauernführers aus den Revolutionsjahren zu Anfang dieses Jh., wird beispielsweise gefordert, daß das *geraubte* Land wieder an die Indios zurückgegeben werden muß.

27

Guadelupe

Der Boden um Guadelupe muß etwas Besonderes sein, denn aus ihm werden Götter oder Heilige geboren. Seit wann vor den Toren der aztekischen Hauptstadt von den Indios schon Gottheiten verehrt wurden, ist nicht bekannt. Die Azteken verehrten hier die Erd- und Fruchtbarkeitsgöttin

Tonantzin. Und gerade zu einer Zeit, als sich die Indios trotz von den christlichen Mönchen zerstörter Tempel und Heiligtümer wieder ihren alten Göttern zuwenden wollten, erschien dem gerade erst Christ gewordenen Indio Juan Diego 1531 (also 12 Jahre nach der Eroberung und Zerstörung Tenochtitláns) die Jungfrau. Sie rief ihm zu, daß er ihr hier an dieser Stelle eine Kapelle errichten solle, in der ihr zu huldigen sei! So wurde es getan, und die Jungfrau, eine Dunkelhäutige wie die Indios, bekam ihre Kapelle. Sie wurde die Nationalheilige Mexikos, und sowohl Regierung als auch Opposition, Revolutionär und Konterrevolutionär führen in ihrem Namen ihre Wortgefechte aus oder ziehen in ihrem Namen in den Krieg. Präsident Porfirio Diaz ließ sie sogar zur Königin von Mexiko krönen. Gegen Ende des 19. Jh. konnte die Kapelle die vielen Gläubigen, die fast täglich zu ihr kamen, nicht mehr fassen, und außerdem begann sie sich infolge des morastigen Untergrundes zu neigen, so daß man ihr eine neue Heimstatt baute, in der an die 10 000 Gläubige Platz finden. Unendlich ist die Zahl derer, die sich von der Jungfrau etwas erbitten, ganze Vereine oder Gesellschaften treten geschlossen auf und rutschen – besonders am 12. Dezember, dem Tag der Heiligen Jungfrau – die letzten Kilometer auf Knien zu ihr hin. Nur für den Fremden mag es ernüchternd sein, wenn sich die Gläubigen dann auf ein Fließband stellen und – einmal von rechts nach links und einmal von links nach rechts –, in den Augen die still vorgetragene Bitte, an der Jungfrau vorbeifahren lassen.

Von der Gläubigkeit profitieren die Devotionalienhändler vor der Basilika, denn ohne Andenken will niemand in die manchmal weit entfernten Wohnorte zurückkehren.

29

Dia de los Muertos

In der Mitte des großen Eßraumes war ein Tisch besonders schön mit Blumen, Obst, Tortillas und Getränken geschmückt: zu Ehren der Toten. Es war der erste November, bei uns Allerheiligen, in Mexiko eine Besonderheit: der *Dia de los Muertos*. Bei einem Bummel durch die Stadt sieht man viele Schaufenster, die an diesem Tag auf besondere Weise dekoriert sind. Es ist üblich, daß dabei auch Mißstände des täglichen Lebens durch die in Kleidung gesteckten Skelette angeprangert werden. Im Bild unten wurde das Erdbeben von 1985 aufs Korn genommen, die Hilflosig- und Schwerfälligkeit der Regierung verhöhnt, und gleichzeitig wird dem mexikanischen Volk Dank für seine während des Erdbebens gezeigte Solidarität ausgesprochen. Skelette dieser Art findet man überall, und selbst das Anthropologische Museum hat in seinem Vorraum einen großen Tisch gestellt, auf dem Szenen des täglichen Lebens von ihnen ausgeführt werden. Schaufenster von Bäckereien und Süßwarenläden sind mit

Totenköpfen aus Zuckerguß ausgeschmückt, die auf der Stirn oft mit Namen versehen sind, die an diesem Tag der novia (Freundin) oder dem Freund geschenkt werden. – Die Verkäufer der gelben Tagetes-Blumen, cempoalzúchil, machen an diesem Tag das große Geschäft, weil Gräber und Hausaltäre damit geschmückt werden.

Gelb müssen die Blumen deshalb sein, weil sie von den Toten, die an diesem Tag zu Besuch kommen, am besten gesehen werden! Auf den Friedhöfen der Städte herrscht Hochbetrieb. Man setzt sich an die Gräber der Verwandten, hat das vorbereitete Essen und vor allem viel Tequila mitgebracht, von dem der erste Schluck für den Toten

bestimmt ist und auf das Grab gegossen wird. Freunde kommen hinzu, man läßt den Verstorbenen »hochleben«. Währenddessen spielen die Kinder zwischen den Gräbern, tragen ihre Geschwister spazieren und sorgen gegen Abend dafür, daß der oft angeheiterte Vater wieder nach Hause findet.

Xochimilco

Nicht nur für die Mexikaner, die meist aus der nahen Hauptstadt kommen, auch für die vielen Touristen ist Xochimilco ein Ausflugsspaß besonderer Art. Gemeint ist die Kahnfahrt durch die seichten Wasserstraßen von Xochimilco. An der Anlegestelle liegen 20–30 der buntgeschmückten Boote, die gewöhnlich die Namen Lolita, Lupita oder Maria tragen und die sich schnell mit erwartungsvollen Gruppen füllen. Platz genommen wird auf Bänken neben festgeschraubten Tischen. Mit einer langen Holzstange stakt der »Kapitän« sein Boot geschickt durch die Wasserwege, während seine Fahrgäste das in großen Plastikwannen oder in Körben mitgebrachte Essen und Trinken unter sich verteilen. Andere kaufen von ständig anlegenden »Verpflegungsbooten« Tortillas oder gerösteten Mais, und für wenig Geld kann man sich von den ebenfalls begleitenden Mariachi-Booten »Cielito lindo« oder »Adelita« vorspielen lassen.

33

Tula

Eigentlich heißt die alte Toltekenhauptstadt nicht Tula, sondern *Tollán*,
was soviel wie »Stadt der Schilfrohre«

bedeutet. Der in der Nähe des Ausgrabungsgeländes befindliche Ort Tula hat
vielleicht dem Ruinenfeld seinen
Namen gegeben. Die Tolteken müssen, als sie sich vom erobernden Solda-
tenvolk zu einem Volk der Baumeister

und Kunsthandwerker gewandelt hatten, einen so bedeutenden Ruf gehabt
haben, daß selbst der stolze Moctezuma Anspruch darauf erhob, von
ihnen abzustammen.
Ihre größte Zeit hatten die Tolteken

vom Anfang des 10. bis zum frühen 12. Jh. In dieser Zeit ist auch der auf fünf Ebenen stehende sog. *Morgensterntempel* (links oben) erbaut worden. Die gesamte obere Fläche der Pyramide wurde von einem Tempel eingenommen, dessen Dach von Säulen getragen wurde. Dachträger waren u. a. die jetzt auf der Plattform stehenden *Atlanten* (oben), die völlig zertrümmert in einer Grube auf der obersten Plattform gefunden wurden. Mit Brustschild, Schleuder und einem Copalbeutel sehen sie sehr kriegerisch aus. 6 *Chac Mools* (links unten), die wahrscheinlich als Opfersteine dienten, fand man verstreut und ebenfalls zerstört auf dem Gelände der Stadt.

35

Teotihuacán

Etwa 50 km nördlich von Mexico City entfernt liegt die flächenmäßig größte archäologische Zone des Landes: Teotihuacán (*die Stadt, in der die Götter zu Hause sind*, oder, *wo man zu Gott wird*). Der Autobus aus der Hauptstadt benötigt etwa eine Stunde bis Teotihuacán und hält direkt vor einem der Eingänge. Wenn man das Gelände durch das kleine Museum betritt, in dem sich ein übersichtliches Modell der gesamten Anlage befindet, steht man auf der sog. *Calzada de los muertos* (Straße der Toten, wie sie schon von den Azteken genannt wurde). Neugierig und etwas ehrfurchtsvoll blickt man die gesamte Straße entlang, an deren linkem Ende die Pyramide des *Mondtempels* steht. Gleich nach dem Überqueren der Straße kommt man an einen großen Platz mit niedrigen Pyramiden und Fundamenten einstiger Gebäude. Am Ende dieses Platzes steht der Tempel *Quetzalcoatls*, der Gefiederten Schlange, wie die Gottheit auch genannt wurde. Die Gefiederte Schlange (s. u.) wird an den nach oben führenden Pyramidenwänden abwech-selnd mit dem Regengott Tlaloc gezeigt – allerdings muß gesagt werden, daß die Pyramide nur von den Azteken als Tempel des Quetzalcoatl bezeichnet wurde. Als diese aber nach Teotihuacán kamen, war der Ort schon über 200 Jahre von seinen Bewohnern verlassen. Auf der rund 40 m breiten Straße haben zahllose Händler ihre kleinen Souvenirstände aufgebaut, und wer keinen Stand hat, trägt seine Waren in der Hand oder in den Hosentaschen. Mit dem fortwährenden Ruf »amigo« (Freund) versuchen sie, gleichzeitig Aufmerksamkeit und eine Art Vertrauensbasis herzustellen. Geheimnisvoll kramen sie ihre in Zeitungspapier oder Stoffreste eingewickelten »Originale« hervor, die sie gerade da und da gefunden haben. Die aus Obsidianstein gefertigten »Idole« werden immer so gehalten, daß sie die Sonnenstrahlen auf den polierten Oberflächen »wahrhaft göttlich« reflektieren.

Ein Tip noch für Besucher, die es genau wissen wollen: Restaurierte Mauern erkennt man an den kleinen Steinen, die in die Mörtelschicht

gesteckt wurden. Das gilt übrigens für alle anderen archäologischen Zonen des Landes ebenso.

Die wenige Meter von der Straße weg liegende *Sonnenpyramide* wird wohl von fast allen Besuchern Teotihuacáns erstiegen. Breit angelegte, nicht zu steile Treppen führen auf die oberste – über 60 m hoch liegende – Plattform dieses riesengroßen, nur von Menschenhand erschaffenen Bauwerks, denn technische Hilfsmittel gab es in Mexiko zu dieser Zeit noch nicht.

Bei der Frage nach den Bewohnern dieser Stadt, die in der ersten Hälfte dieses Jahrtausends an die 200 000 Einwohner gehabt haben soll, ist man nur auf Vermutungen angewiesen, ebenso, warum die Stadt um 600 plötzlich verlassen wurde. Aus den großen Aschehaufen kann entnommen werden, daß große Teile der Stadt von einer Feuersbrunst vernichtet wurden. Ob das Feuer aber auf äußere Einflüsse (Feinde) oder auf eine Naturkatastrophe zurückzuführen ist, weiß niemand. Als Künstler und Baumeister beeinflußten die Bewohner Teotihuacáns weite Teile Mittelamerikas, denn sowohl Keramiken (typisches Kennzeichen: das auf drei Füßen stehende Gefäß) als auch Bauwerke (Kaminaljuyú in Guatemala) weisen den »Stil« Teotihuacáns auf.

39

Acolman

Das Augustinerkloster Acolman ist bekannt dafür, daß es noch einige auf Holz gemalte Bilder besitzt, die in der Mitte des 16. Jh. hergestellt wurden. Auf einem dieser Bilder werden die Hirten aus dem Hl. Land als Indios dargestellt. Das Besondere an diesen Bildern ist, daß ihre Urheber Indios sind, die das Malen in Malschulen erlernt haben, die von christlichen Mönchen gegründet und von diesen auch geleitet wurden. Das Kloster wurde in der ersten Hälfte des 16. Jh. gegründet (1540) und hatte zunächst die Funktion einer Wehrkirche, in die sich die missionierenden Mönche zurückziehen konnten, wenn sie von den – noch – feindlichen Indios ange-

griffen wurden und sie in der festungsartigen Kirche auf militärische Hilfe warteten (unten).

Gegenüber dem Kloster steht ein Steinkreuz, in dessen Mitte ein Kopf gemeißelt wurde, von dem man nicht weiß, ob er Jesus, einen Priester oder gar einen Indio darstellt. Die Enden des Querbalkens laufen in Form von Händen aus. In verschiedenster Weise wurden die christlichen Kreuze von den Indios so mit Symbolik versehen, die als Ersatz für die von den Mönchen zerstörten Götterbilder dienen mußte.

Mexica diese Inseln als Wohnort zugewiesen haben, damit man sie von den fruchtbaren Seeufern wegbekäme. Wieder andere sind der Ansicht, daß sie sich auf der Flucht vor den Bewohnern dieser Gegend hier versteckt hatten. Man ließ sie – ihres baldigen Unterganges gewiß – dort. Aber es rechnete keiner der Alteingesessenen mit der Zähigkeit und dem Überlebenswillen der Mexica!

Noch einmal kann mit dem biblischen Volk verglichen werden. Genau wie dieses auf der Suche nach dem »Gelobten Land« die Bundeslade mit den steinernen Gesetzen vom Berge Sinai mit sich umherführte, die dann ihre endgültige Bleibe im Tempel von Jerusalem fand, genauso führten die Priester des Volkes der Mexica die Heiligtümer ihres Gottes *Huitzilopochtli* mit, um ihm so bald als möglich eine Heimstatt, ein steinernes Haus, zu errichten.

Während viele fleißige Mexica darangingen, ihre neue Heimat bewohnbarer zu machen, während sie auf dem See treibende Inselchen mit Gestrüpp auf dem morastigen Seeboden verankerten und darauf Mais und Bohnen anbauten, verdingten sich andere bei den Bewohnern am Ufer erst als Knechte, später dann auch als Söldner. Auf diese Weise erlernten sie das Kriegshandwerk und gelangten langsam auch in immer mehr Führungspositionen. Sicherlich war es für sie zuerst schwierig, unter den anderen am Ufer des Sees wohnenden und sich bekämpfenden Stämmen und Städten immer den richtigen Bündnispartner zu finden.

Aber da machten sie es wie alle Völker in ähnlicher Lage. Sie verbündeten sich mit dem jeweils Stärkeren. So jedenfalls hört es sich an, wenn sie abwechselnd den sich ständig befeindenden Völkern der *Alcohua* oder der *Tepaneken*, die an entgegengesetzten Ufern des Sees wohnten, Hilfestellung leisteten. Ungefähr um die Mitte des 15. Jh. kam es zwischen diesen Erzfeinden endlich zum Frieden und zur Gründung des sogenannten *Dreibundes*, in dem sie sich ewigen Frieden schworen. Bis zum Eintreffen der Spanier hatte dieses Bündnis auch Bestand. Zum ersten Male macht bei den Kämpfen gegen andere Völker, die ebenfalls auf dem Hochplateau lebten, ein »Feldherr« von sich reden, der den Namen Moctezuma, genauer *Moctezuma I., Ilhuicamina*, trägt. Unter seiner Führung wird die Herrschaft des Dreibundes erstmals weit über das Gebiet des Sees hinaus ausgedehnt.

Der wahre Mehrer des Reiches war jedoch dessen Nachfolger *Ahuizotl*, der nun schon in das 16. Jh. hinein regierte (1486–1502). Unter seiner Führung wurde das Aztekenreich die stärkste Macht in Mexiko, und seine Ausdehnung reichte bis nach Guatemala, und am Golf von Mexiko bis zum heutigen Veracruz, der Stadt, von der das Unglück für die Azteken ein paar Jahre später seinen Ausgang nahm. Und wenn es eben hieß, daß *er* das Reich ausdehnte, so soll das ein Hinweis darauf sein, daß der Dreibund längst unter der militärischen Führung der Azteken stand, während sich die Bündnispartner mehr um Handel und Versorgung zu kümmern hatten.

Moctezuma II., Xocoyotzin

Eigentlich müßte dieser Abschnitt mit »Moctezuma, der Zauderer« oder mit »Moctezuma, der sein Land vernichtete« überschrieben sein. Vielleicht täte man diesem Mann damit aber auch unrecht. Bis heute ist es eine immer wieder aufkommende Frage, wie es wohl kommen konnte, daß sein Riesenreich, in dem Hunderttausende ausgebildeter Soldaten lebten, von ein paar Spaniern – auch wenn sie Pferde, Kanonen und Gewehre besaßen – besiegt werden konnte. Seit der Eroberung rätseln Historiker aus fast allen Ländern der Welt an seiner Person herum.

Unter seinem Vorgänger Ahuizotl war Moctezuma noch ein erfolgreicher Kriegsmann, doch schon bald nachdem er zum Herrscher, zum *Großen Sprecher* wurde, gab er sich mehr und mehr der Religion hin. War schon die Namensgebung ein Omen für das Volk? Großvater und Enkel tragen den Namen Moctezuma. Doch während die Übersetzung des weiteren Namens beim ersten Moctezuma »Unser zorniger Herr, der in den Himmel schießt« bedeutet, heißt die Übersetzung beim zweiten Moctezuma schlicht »Unser zorniger Herr, der Jüngere«. War der erste Moctezuma ein Draufgänger, so war der zweite, zumindest seit er 1502 die Regierungsgeschäfte übernahm, ein Zauderer, ein religiöser Fanatiker, der viel, zuviel, auf die Prophezeiungen seiner Astrologen hörte und sich auch in starkem Maße von seinen Priestern beeinflussen ließ. Der Elan des ersten Moctezuma hätte die Spanier gewiß wieder ins Meer getrieben. Aber danach stand dem frommen zweiten Träger dieses Namens nicht der Sinn.

Die Vorzeichen

In immer schnellerer Folge mehrten sich die Anzeichen, die nur mit der Rückkehr *Quetzalcoatls* zusammenhängen konnten: Feuergarben erschienen am Himmel, der Tempel des Huitzilopochtli, des Hauptgottes der Azteken, stand plötzlich in Flammen und brannte völlig ab. Der Texcoco-See wurde plötzlich zum rasenden Meer und überschwemmte weite Teile der Inseln und des Seeufers. Seine Flutwellen zerstörten Äcker und Häuser und töteten viele Menschen. Und dann wurde es ernst! Zu Ostern des Jahres 1519 sichteten die aztekischen Küstenwachen im fernen Yucatan zum ersten Male »Berge« oder »Türme«, die auf dem Wasser schwammen. Sofort wurde das Gesehene an Moctezuma weitergegeben, und für den gab es keinen Zweifel: Quetzalcoatl, der Gott, war zurückgekehrt. Immer häufiger eintreffende Nachrichten über Bekleidung, besonders aber über die Hautfarbe und die blonden Bärte, bestätigten seine Sorge.

Gold, Gold!

Es war klar, daß die Spanier, die unter Kolumbus zuerst Insel für Insel in der Karibik eroberten, von den paar Goldstücken enttäuscht waren, die ihnen die *Kaziken* auf den Inseln Haiti oder Kuba schenkten. Das konnte doch nicht das sagenhaft reiche Indien sein! Auf die Frage nach mehr Gold wurden sie jedoch immer in Richtung Westen verwiesen. Dort sollte ein unbeschreiblich »Gold«-reiches Land liegen. Schon seit Anfang des 16. Jh. segelten die Spanier zunächst noch vereinzelt die paar hundert Kilometer zum einmal gefundenen Festland und dort die Küste entlang und tauschten ihre bunten Glasperlen oder -scherben oder alles, was sie entbehren konnten, bei den Bewohnern gegen Goldstücke oder Edelsteine ein. Viele von ihnen kehrten damit wohlhabend wieder in ihre Heimat zurück, wo sie Neugier und Neid der Daheimgebliebenen erregten. Andere ließen sich von diesem »Goldrausch« begeistern und verließen Spanien, um in diesen sagenhaft reichen Ländern ihr Glück zu suchen. Allein in Trujillo, einem winzigen Ort in der spanischen Estremadura, dem Geburtsort Franzisco Pizarros, des späteren Eroberers von Peru, verließ fast die gesamte Jugend ihre Heimat, um im fernen »Indien« ihr Glück zu machen.

Ebenfalls in der spanischen Estremadura liegt das Dorf Medellín, Geburtsort von Hernan Cortés (1485–1547). Auch er hörte von den Reichtümern in der Neuen Welt und zog, noch nicht 20 Jahre alt, 1504 nach Hispaniola (Espaniola), wie die Insel Haiti damals hieß. Aber Landwirtschaft oder Bergbau oder die harmlosen Scharmützel mit den noch harmloseren Eingeborenen gefielen dem ehemaligen Studenten der Rechte nicht besonders. Hatte er nicht in ganz jungen Jahren bei der spanischen Infanterie, der besten der damaligen Zeit, gedient?! Nach Reichtum und Eroberungen stand ihm darum mehr der Sinn und so schließt er sich im Jahre 1511 einer Gruppe von Abenteurern nach Kuba an. Auch hier hört er mit glühenden Ohren von den Gold- und Silberschätzen im Westen, und es war nur noch eine Frage der Zeit, wann auch er den Weg dahin wagen würde. Wegen seiner Verdienste bei der Eroberung Kubas wurde er von *Velasquez*, dem Gouverneur der Insel, zum Generalkapitän ernannt. Kurze Zeit später erhält er endlich die Erlaubnis, eine Expedition auszurüsten, um weitere Länder im Westen für die spanische Krone zu erobern. Zwar bereute der Gouverneur bald die gegebene Erlaubnis für diese Fahrt, weil er das allzu große Draufgängertum und den Hang zur Selbständigkeit Cortés' mit großer Sorge sah, aber es war schon zu spät. Cortés befand sich bereits auf den Spuren vorheriger Seefahrer auf der Fahrt in Richtung Westen.

Beginn der Eroberung

Mit elf Schiffen brach Cortés von Kuba aus auf. Elf Schiffe gegen »Indien«, wie das zu entdeckende Land immer noch hieß. Diese Tauschereien Glasperlen gegen Gold waren nichts für Cortés. Er fuhr erstmals mit dem Gedanken, Länder zu finden, zu erobern und für den christlichen Glauben zu gewinnen. Die Zeit des langsamen Erkundens sollte vorbei sein. Ein mutiges Vorhaben, denn Cortés konnte ja nicht wissen, was ihn dort erwarten würde. Auf seinen Schiffen befanden sich knapp 500 weitere Glückssucher. Einige, wie er, aus verarmtem spanischem Adel, die anderen, die nun nach jahrelangen Kriegen in der Heimat, nachdem die letzten Araber aus Spanien vertrieben waren, ohne Beschäftigung waren. Die ungefähr hundert Matrosen, die sich ebenfalls auf den Schiffen befanden, werden Cortés später als Handwerker wertvolle Dienste leisten. Es wird sich auch zeigen, daß die zwölf Pferde, die sich bei der Überfahrt noch friedlich in den Laderäumen der Schiffe befanden und auch die Kanonen und anderen Feuerwaffen, die zur selbstverständlichen Bewaffnung der spanischen Armee gehörten, noch unschätzbare Dienste bei der Eroberung Mexikos

leisten werden. Denn beide, Feuerwaffen und Pferde, waren in der Neuen Welt bis dahin gänzlich unbekannt. Cortés seinerseits kannte bisher nur aus vagen Erzählungen die verhältnismäßig primitive Bewaffnung der Eingeborenen. Er teilte seine Leute in Bogenschützen, Musketiere und Kanoniere ein, nicht zu vergessen die Reiter, die er selbst anführte, und die großen abgerichteten Doggen und Bluthunde, die sich schon bei den Indianerjagden auf Kuba einen »Namen« gemacht hatten. Die fast zweihundert Kilometer von Kuba nach Yukatan waren bald geschafft, und die Schiffe legten zunächst an der der Halbinsel vorgelagerten Insel Cozumel an. Auf der gleichen Insel waren schon einige Jahre zuvor zwei spanische Erkundungsschiffe gelandet und mit den Einwohnern in Berührung gekommen. Cortés vernahm, daß hier noch zwei Spanier als einzige Überlebende eines Schiffsunglückes als Sklaven bei einem Kaziken wohnten. Allerdings entschloß sich nur einer der beiden, ein gewisser Aguilar, mit Cortés weiterzuziehen. Er hatte inzwischen den Mayadialekt erlernt und diente bei dem Eroberungszug Cortés fortan als Dolmetscher.

Ein Geschenk des Himmels

Viel wichtiger aber war eine Gruppe von etwa 20 Jungfrauen, die Cortés von dem Kaziken von Tabasco als Geschenk bekam. Er ließ sie taufen

und verteilte die Mädchen auf seine Offiziere. Bald stellte sich dieses Geschenk als ein außerordentlicher Glücksfall dar, denn unter den Frauen befand sich eine Prinzessin, die auf den Namen *Doña Marina* getauft wurde. Als echte Prinzessin hatte sie eine vorzügliche höfische Ausbildung genossen. Vor allem aber beherrschte sie neben dem bei den Azteken gesprochenen *Nahuatl* auch die Mayasprache und diente nun neben jenem Aguilar ebenfalls als Dolmetscherin. Zwar waren die Verhandlungen mit den Azteken zunächst recht umständlich, denn die spanischen Worte des Cortés wurden von Aguilar zunächst ins Maya und dann von Marina ins Nahuatl übersetzt. Es dauerte jedoch nicht lange, und Marina, die eigentlich nach einem Berg im Norden Mexikos Malinche hieß, hatte kastilisch erlernt, und besonders von dieser Zeit an wurde sie für Cortés unersetzlich, wenn sie neben ihren Dolmetscherdiensten Cortés auch von den Sitten und Gebräuchen der Indios, besonders der Azteken, erzählte, was für ihn von größtem Nutzen wurde. Auf fast allen Abbildungen der damaligen Zeit steht Malinche bei den Verhandlungen des Cortés mit den Indios hinter ihm. *Bernal Diaz del Castillo*, einer der Gefolgsleute, die Cortés Zug von Anfang an mit-

erlebt hatten, schreibt in seinen Lebenserinnerungen:

»... diese Frau war ein entscheidendes Werkzeug bei unseren Entdeckungsfahrten. Vieles haben wir unter Gottes Beistand nur mit ihrer Hilfe vollbringen können. Ohne sie hätten wir die mexikanische Sprache nicht verstanden, zahlreiche Unternehmungen hätten ohne sie einfach nicht durchgeführt werden können.«

Ihre Zuneigung zu Cortés war so groß, daß sich daraus eine Liebe entwickelte und sie ihm auch bald einen Sohn gebar. Es heißt, daß neun Monate nach ihrer Begegnung der erste Mestize geboren wurde und Malinche die Urmutter des mexikanischen Volkes ist. Hochverehrt von den Spaniern um Cortés, akzeptiert von den meisten Eingeborenen, zumindest von den zahlreichen Gegnern der Azteken. Verlacht, verhöhnt, beschimpft von den Azteken und Mayas bis heute. Die Gegner der Malinche sehen in ihr eine Verräterin, eine adlige Hure, die aus Rachegefühlen ihr Volk, ja, alle Indios verraten hat. Sie selbst aber sagte, daß sie alles nur aus Liebe zu Cortés getan hätte.

Gründung einer Stadt

Nun also mit zwei »Zungen«, die eine Verständigung mit den Indios möglich machten, und militärisch gut ausgerüstet, konnte die Entdeckungsfahrt, die Suche nach Gold und die Bekehrung der Heiden beginnen. Vorsichtig segelte Cortés mit seinen Schiffen die Küste entlang und ging, so wird berichtet, am Karfreitag, dem 21. April 1519,

an der Stelle an Land, an der die Stadt *Veracruz* gegründet wurde, die mit vollem Namen Villa Rica de la Vera Cruz (Reiche Stadt vom Wahren Kreuz) heißt. Kaum hatten die Schiffe dort angelegt, ruderten mit Indios besetzte Kanus auf das Schiff des Cortés zu, um die Ankömmlinge zu begrüßen. Doña Marina hatte hier zum ersten Mal

Gelegenheit mit Leuten zu sprechen, die auch in ihrer Sprache redeten.

Für Cortés wiederum war es die erste Begegnung mit einer Abordnung des »Großen Sprechers« (Tlatoani) Moctezuma. Kurz darauf schickte Moctezuma einen hohen Würdenträger seines Reiches mit zahlreichen Geschenken. Cortés allerdings ließ den hohen Gast und dessen Gefolge zunächst unbeachtet und nahm in deren Anwesenheit mit allen seinen Leuten an einer für die Indios eindrucksvollen Ostermesse teil. Erst danach und nach einem ausgiebigen Essen geruhte er, sich mit den Indios zu unterhalten und die Geschenke Moctezumas entgegenzunehmen. Dabei hatte er nur ein Auge auf die Schmuckstücke aus Gold, während er die kostbaren Baumwollstoffe und Federmäntel kaum beachtete. Mit den Geschenken ihres Herrschers verbanden die Indios allerdings den Wunsch, daß sich Cortés nun wieder in seine Heimat zurückziehen möge.

Das genaue Gegenteil trat ein: die glänzenden Geschmeide und Broschen steigerten in Cortés und seinen Männern erst recht den Wunsch, weiter ins Innere des Landes zu kommen, um endlich an die Quelle dieser Reichtümer zu gelangen. Er erklärte der Abordnung, daß er im Auftrage des mächtigsten Herrschers der Welt, Kaiser Karl V., gekommen sei, um mit ihm zu verhandeln. Er, Cortés, wolle mit dem Tlatoani Handel treiben, und vor allem sollten die Indios ihre Vielgötterei aufgeben und Christen werden. Lediglich das sei sein Wunsch! Die Abgeordneten des Moctezuma staunten über dieses Ansinnen nicht schlecht, und als sie merkten, daß weder die Geschenke noch die mitgebrachten Lebensmittel die Spanier zur Umkehr bewegen konnten, setzten sie sich in ihre Kanus und ruderten eilig wieder zurück, um Moctezuma Bericht zu erstatten. Die Spanier aber, denen die eigenen Lebensmittel zur Neige gingen, machten sich gierig über die Körbe voller Obst und Fleisch her und lernten dabei viele einheimische Köstlichkeiten kennen.

Mexikanisches Gold am Hofe des Kaisers

Cortés, dem noch immer die allerhöchste Erlaubnis für seinen Alleingang nach Mexiko fehlte, schickte die erhaltenen Geschenke sofort weiter an den Hof Karls, der sich zu dieser Zeit gerade im nördlichen Teil seines Reiches, in Brüssel, aufhielt. Der Kaiser sollte sehen, daß er, Cortés, nun endlich das wahre Goldland gefunden hatte. Karl und seine Umgebung waren begeistert von den vielen so liebevoll gearbeiteten Stücken. Zu den Bewunderern dieser Arbeiten gehörte auch der Deutsche Albrecht Dürer, der sich ebenfalls gerade in Brüssel aufhielt. Er erwähnt in seinem Tagebuch eine wagenradgroße Sonne aus purem Gold, die mit vielen unerklärlichen Zeichen versehen war und einen fast ebenso großen Mond aus Silber. »Und ich hab all mein lebtag nichts gesehen, daß mein hercz also erfreut hat als diese ding«, schreibt er.

Auf Gedeih und Verderb nach Tenochtitlán

Aus noch einem anderen Grunde ist diese erste Goldsendung an Kaiser Karl erwähnenswert. Cortés hatte es nämlich verstanden, seine Leute dazu zu überreden, ihm das gesamte bisher erhaltene Gold wieder zurückzugeben, damit die Sendung an Karl noch eindrucksvoller ausfallen würde. Einige seiner Soldaten waren damit nicht so recht einverstanden, denn sie sahen sich um ihren bisherigen Lohn betrogen. Andere scheuten die weiteren Mühen, die sie in diesem unbekannten Land erwarten würden. So faßte eine Gruppe von ihnen den Entschluß, lieber wieder nach Kuba zurückzufahren, und tat sich mit den Matrosen eines der Schiffe zusammen, um wieder die Rückfahrt anzutreten. Als Cortés von diesem Plan erfuhr, ließ er sofort Segel, Ruder und Kompaß von diesem Schiff wegholen, um die geplante Flucht damit zu vereiteln.

Allerdings muß zu Cortés' Ehre gesagt werden, daß er kurze Zeit vorher allen denjenigen, die zurückwollten, dazu die Erlaubnis gegeben hatte, denn nach wie vor wurde von einigen seiner Sol-

daten die überstürzte Abfahrt aus Kuba als ungesetzlich angesehen, und sie fürchteten eine spätere Bestrafung. Jetzt aber nahm Cortés die Gelegenheit wahr, um seinen Führungsanspruch zu unterstreichen. Er stellte eine Art Kriegsgericht über die »Fahnenflüchtigen« zusammen und verurteilte die beiden Anführer dieser Gruppe zum Tode durch den Strang. Die Matrosen kamen mit je zweihundert Stockhieben davon. Bernal Diaz erwähnt noch, daß der Steuermann »zum Verlust eines Fußes« verurteilt wurde. Von den ihm ergebenen Soldaten soll dann auch der Vorschlag gekommen sein, am besten alle Schiffe zu zerstören, damit Meutereien dieser Art für die Zukunft ausgeschlossen blieben. Cortés nahm diesen Vorschlag – von dem viele sagten, es sei sein eigener gewesen – gern an. Bis auf das noch an Land zu verwendende Material und bis auf die Beiboote ließ er alle Schiffe verbrennen! Eine Rückkehr war von nun an unmöglich. Für den weiteren Zug nach Mexiko waren alle auf Gedeih und Verderb aufeinander angewiesen.

Moctezumas fortwährende Fehler

Währenddessen war man in Tenochtitlán in größter Not. Immer höhere Würdenträger schickte Moctezuma an Cortés, die ihn zum Verlassen des Landes aufforderten. Cortés jedoch nahm immer nur die reichlich mitgebrachten Geschenke, revan-

chierte sich mit bunten Glasperlen und billigen Spiegeln – und blieb. Um die Abgesandten zu beeindrucken, ließ er von seinen Leuten am Strand Reiterkunststücke vorführen und auch eine Kanone abfeuern, bei deren Knall die Häuptlinge vor Furcht fast in Ohnmacht fielen. Bei allen diesen Meldungen verstärkte sich bei Moctezuma der Gedanke, daß es sich vielleicht *doch* um Götter handeln müsse.

Unterwegs nur Siege

Mit Hilfe seiner Pferde und Kanonen und mit der besseren Bewaffnung – die Spanier kämpften mit den weltberühmten Stahlklingen und Lanzen, die aus den Schmieden Toledos kamen, gegen die mit scharfen Obsidiansteinen versehenen Keulen der Indios – konnte Cortés die verschiedenen Begegnungen mit den zahlenmäßig weit überlegenen Indioarmeen für sich entscheiden. Die Obsidiansteine zersprangen beim Aufprall auf die Schilde und Rüstungen der Spanier. Nicht anders war es mit den von Bögen oder Schleudern abgeschossenen Pfeilen. Auch die kurzen Bolzen der Armbrüste, die ja dafür entwickelt waren, europäische Rüstungen zu durchschlagen, lösten Angst und Schrecken aus. Viel größere Wirkung erzielten aber die Kanonenkugeln, die weite Breschen in die Karrees der Indios schlugen, oder die unbekannten und zumindest in den ersten Kämpfen unberechenbaren Reaktionen der Pferde und die abgerichteten Hunde, gegen die es in den ersten Tagen der Konfrontation ebenfalls keine Abwehrmöglichkeiten gab.

Die Rache der Unterdrückten

Eines Tages erfuhr Cortés von einigen Indios, daß diese nur widerwillig die Oberhoheit Moctezumas anerkannten. Zweimal im Jahr, berichteten sie Cortés, mußten sie genau festgelegte Abgaben an Moctezuma leisten. Zweimal im Jahr erschienen die Steuereinnehmer mit ihren Trägern und den sie beschützenden Soldaten in den Dörfern und Städten, um die fälligen Tribute abzuholen. Diejenigen, die ihre Abgaben nicht pünktlich leisten konnten, wurden unnachgiebig bestraft, und oft wurden in solchen Fällen die Familienangehörigen der Bürgermeister (Kaziken) als Geiseln mitgenommen. Die Steuern bestanden aus den Erzeugnissen des Landes, aus den Fellen erlegter Tiere, aus Baumwolle oder aus den Federn der Paradiesvögel, aus denen dann in so unnachahmlicher Weise die herrlichen Umhänge für die Adligen hergestellt wurden. Fast immer bestanden die Tribute aber auch aus Menschen, aus jungen Mädchen, die auf die Haushalte der Oberschicht verteilt wurden, oder aus jungen Männern, die für die Landarbeit oder für die Pflege der Gärten der Hauptstadt eingesetzt wurden. Klar, daß die unterworfenen Stämme unter diesen Lasten stöhnten.

Cortés spitzte die Ohren, als er das hörte und entwickelte sofort einen Plan, wie er zwischen die Unterworfenen und die Azteken einen Keil treiben könnte. Es gelang ihm! Zunächst schreckten die seit Jahrzehnten von den Azteken beherrschten Dörfer und Städte, Stämme und Völker davor zurück, als ihnen Cortés den Vorschlag machte, keine Steuern mehr zu zahlen und die Steuereintreiber einfach gefangenzusetzen. Das war ein bis dahin unerhörter Vorschlag! Schließlich aber taten sie es. Die Totonaken von Cempoala wollten Moctezumas Beamte nach der Gefangenschaft sogar umbringen. Aber schon hier beginnt Cortés' Intrigenspiel. Nachts läßt er heimlich zwei von ihnen befreien und schickt sie mit der Botschaft zu Moctezuma, daß er, Cortés, nichts sehnlicher wünsche, als endlich dessen Bekanntschaft zu machen.

So beginnt der Marsch nach Tenochtitlán, dem sich nun an fast jedem Ort einige hundert rachsüchtiger Krieger anschlossen, so daß sich Cortés Truppe ständig vergrößerte.

Die grauenhaften Tempeltürme

Auf ihrem Weg nach Tenochtitlán sahen die Spanier in den Städten und Dörfern die hohen Pyramiden, auf deren oberster Plattform die Tempel der von den Indios verehrten Götteridole standen. Bei den Tempeln der Hauptpyramiden handelte es sich dabei meist um die des Huitzilopochtli, des Stammesgottes der Azteken, und um Tlaloc, den Regengott. Oft klebte an den Tempelwänden noch das Blut eben erst Geopferter. Und obwohl sie selbst in späteren Jahren die Indios auch nicht gerade zärtlich behandelten, befiel sie beim Anblick dieser blutverschmierten Bildnisse Abscheu und Ekel.

Für die Indios hingegen waren die Menschenopfer eine religiöse Pflicht. Oft führten sie darum die sogenannten *Blumenkriege*, deren einziger Sinn darin bestand, möglichst viele Gefangene für den Opferstein zu machen. An bestimmten Feiertagen wurden die Gefangenen von Priestergehilfen auf die Pyramide geleitet, wo sie dann von den Priestern ergriffen und auf den Opferstein gezerrt wurden. Dem noch Lebenden wurde mit einem Obsidianmesser die Brust geöffnet und das Herz herausgerissen. Nach einem genau vorgeschriebenen Zeremoniell und unter vielen Beschwörungen wurde es – oft noch zuckend – der Sonne entgegengehalten, um dann in die Schlünde der steinernen Gottheiten geworfen zu werden.

Cortés zeigte den entsetzten Indios ein um das andere Mal, daß ihre Götter gar keine Götter sein konnten, daß sich weder die Sonne verfinsterte noch die Erde bebte, wenn er die bisher so verehrten Steinfiguren die Tempelstufen hinabstürzte, um an ihre Stelle ein schlichtes Holzkreuz und ein Bildnis der Heiligen Jungfrau aufzustellen. Er läßt die Indios an den Messen seiner Soldaten teilnehmen, und viele von ihnen begreifen schnell, daß sie mit den Spaniern viel besser zusammenleben können, wenn sie sich von den mitreisenden Mönchen taufen ließen und Christen wurden. Besonders eilig hatte es Cortés damit immer bei den Frauen und Mädchen, die ihm nun fast an jedem Ort als Willkommensgruß entgegengebracht wurden. Cortés erachtete es als seine Pflicht, daß er sie erst dann unter seine Soldaten verteilte, wenn sie getauft waren und mit ihren Gatten die Messen besuchen konnten.

Erst Gegner, dann Freunde: die Tlaxcalteken

Zu den wenigen Stämmen in der näheren Umgebung Tenochtitláns, die sich bisher immer erfolgreich den Eroberungskriegen der Azteken widersetzt hatten, gehörten die *Tlaxcalteken*. Sie waren die Erzfeinde der Azteken und zahlten diesen auch keine Tribute. Cortés, der davon erfuhr, war darum sehr erstaunt, daß ihm die Tlaxcalteken anfangs mehrere für ihn verlustreiche Kämpfe lieferten. Erst etwas später sollte sich herausstellen, daß es sich bei diesen Kämpfen um ein »Mißverständnis« gehandelt habe, da der Tlaxcaltekenführer *Xicotencatl* meinte, daß die Spanier als Verbündete der Azteken gegen ihn kämpften. Xicotencatl, der der Kriegspartei der Tlaxcalteken angehörte, und seine Indios hatten inzwischen erkannt, daß es sich bei den Spaniern um ganz normale Menschen handelte und nicht um die Rückkehr des Gottes Quetzalcoatl und seines Gefolges, wie man in der aztekischen »Zentrale« noch immer vermutete. Bernal Diaz del Castillo erwähnt in seinen Aufzeichnungen, daß die Tlaxcalteken bei einem dieser Kriege sogar einige Pferde verwundet hätten und sich eifrig darum bemühten, eines dieser Wundertiere zu fangen. Beinahe, schreibt er, wäre ihnen das auch gelungen, denn sie hatten schon einen Reiter von seinem Pferd getrennt, als sie es in der Hitze des Gefechtes tödlich verwundeten. So konnten sie diesen Triumph nur ausnutzen, indem sie das tote Tier zerlegten und Stücke davon in ihre Ortschaften schickten, um allen Stammesbrüdern diesen wunderbaren Sieg mitzuteilen. Die gefährlichen Hufe des Tieres opferten sie den Göttern!

Den Spaniern gelang es mit ihrer Kriegstechnik und -erfahrung, den pausenlosen Angriffen der Tlaxcalteken standzuhalten – und diese verzweifelten, weil sie wiederum ihre zahlenmäßige Überlegenheit nicht zu einem Sieg ausnutzen konnten. Hilfesuchend befragten sie ihre Priester und Wahrsager. Aber selbst diese wußten keinen Rat. Sie meinten lediglich, daß die Spanier eigentlich bei Nacht angegriffen werden müßten, »weil sie am Tage alle Kraft aus der Sonne bezögen«. Xicotencatl versammelte seine besten Krieger und überfiel das Lager der Spanier eines Nachts. Diese jedoch – vorher gewarnt – empfingen ihn mit einem Feuerhagel aus sämtlichen Kanonen und Musketen und schlugen den Angriff, für die Tlaxcalteken sehr verlustreich, zurück. Diese waren wegen der neuerlichen Niederlage so enttäuscht, daß sie statt der erhofften spanischen Gefangenen nun einige Priester auf den Opfersteinen hinrichteten, auf deren Rat hin sie den Nachtangriff gewagt hatten. Der Verlust so vieler Krieger stärkte die Friedenspartei im Lager der Tlaxcalteken, die sich schon lange für ein Nebeneinander mit den Spaniern ausgesprochen hatten. Es wurde schnell ein Waffenstillstand geschlossen, und sie ließen die Spanier in ihre Hauptstadt Tlaxcala, versorgten sie mit Lebensmitteln, ließen die Soldaten in ihren Häusern wohnen und wurden fortan zu ihren treuesten Verbündeten.

Moctezumas Wandel

Im nunmehr gar nicht so weit entfernten Tenochtitlán wurde Moctezuma durch seine Spione über die Auseinandersetzungen zwischen Spaniern und Tlaxcalteken ständig informiert. So erfuhr er von dem eingetretenen Sinneswandel nach deren letzter Niederlage. Wohl oder übel mußte nun auch er sein Verhalten gegenüber den Spaniern ändern. Zu seinem großen Leidwesen war ihm auch noch berichtet worden, daß sich die Töchter der Tlaxcalteken nach einem feierlichen Gottesdienst mit den Spaniern verheiratet hatten. Selbst Xicotencatl gab seine Schwester einem spanischen Ritter, *Pedro de Alvarado*, dem späteren ersten Generalkapitän von Guatemala, zur Frau, nachdem sie vorher auf den Namen *Doña Luisa* getauft worden war, der noch heute auf einem Grabstein in der vom Erdbeben zerstörten Kathedrale von Antiguá in Guatemala zu lesen ist. Moctezuma mußte sich jetzt bemühen, die Spanier von den Tlaxcalteken zu trennen und sie nach Tenochtitlán einzuladen. Er schickte vier einflußreiche, vornehme Adlige aus seiner engsten Umgebung mit bisher unvorstellbar wertvollen Geschenken und ließ durch sie sagen, daß »ihr Gebieter (Moctezuma) sich wundere, daß wir (die Spanier) so lange bei diesem armen und unzivilisierten Volk blieben, das kaum zu Sklavendiensten gut sei . . . Er bäte uns doch lieber in *seine* Stadt zu kommen.« Cortés sagte zu und versprach, möglichst bald dieser Einladung zu folgen.

Das Gemetzel von Cholula

Wenige Tage darauf traf wiederum eine indianische Abordnung bei Cortés ein. Dieses Mal waren es Leute aus *Cholula*, die nur wenige Kilometer von Tlaxcala entfernt wohnten, aber treue Verbündete der Azteken waren. Und obwohl die Tlaxcalteken dringend von der Einladung der Indios, nach Cholula zu kommen, abrieten, wollte Cortés sich nicht davon abbringen lassen.

51

Als Beweis ihrer Freundschaft wollten die Tlaxcalteken ihm für diesen Besuch wenigstens einige tausend Krieger zur Seite stellen. Cortés aber lehnte dankend ab. Er fände es nicht gut, sagte er, wenn er mit einem Kriegshaufen in ein Land zöge, dessen Bewohner er friedlich für sich gewinnen wollte. Schließlich nahm er auf Anraten seiner eigenen Leute doch zweitausend Krieger mit. Wie groß aber war da das Entsetzen der Cholulteken, als sie sahen, daß Cortés auch ihre Feinde, tlaxcaltekische Krieger, mit in die Stadt bringen wollte. Cortés zeigte sich großzügig und ließ die Tlaxcalteken vor der Stadt lagern. Nur mit den Totonaken aus Cempoala, die Tributpflichtige Moctezumas waren, betrat Cortés Cholula.

Die Warnungen vor den Cholulteken sollten sich schon bald als richtig erweisen, denn schon wenige Tage nach ihrem Einzug blieben die vorher so reichlich übersandten Lebensmittel aus. Eine neue Abordnung des Moctezuma legte hier in Cholula mit einem Male ein unhöfliches, schon fast als feindselig zu bezeichnendes Verhalten an den Tag. Moctezuma wolle nun doch nicht, daß sie nach Mexiko kämen, sagten sie, und außerdem könne er Cortés' Leute weder unterbringen noch verpflegen. Nicht lange danach erhielt Cortés Meldungen, daß die Cholulteken etwas gegen ihn im Schilde führten, daß sie heimlich ihre Frauen und Kinder aus der Stadt brachten und daß sie getarnte Gräben quer über verschiedene Zufahrtswege angelegt hätten. Am Schlimmsten aber empfand Cortés die Meldung, daß wieder Menschen geopfert wurden, damit ihr Kriegsgott ihnen den Sieg über Cortés schenkte. Cortés lud alle Häuptlinge zu sich ein und wollte sie zur Rede stellen. Er sagte ihnen auf den Kopf zu, daß er von ihren Angriffsabsichten wußte. Solche Treulosigkeit würde in Spanien mit dem Tode bestraft. Sprach es und ließ sofort mit seinen schon vorher aufgestellten Kanonen und Musketen in die versammelten Cholulteken schießen.

Für die vor den Toren der Stadt lagernden Tlaxcalteken war schon der erste Schuß das Signal, auf schnellstem Wege in die Stadt zu eilen, die nun von zwei Seiten angegriffen wurde. Es wird berichtet, daß sie sich durch besondere Grausamkeit bei diesen Kämpfen hervortaten und fast die ganze Stadt zerstörten. Hunderte Cholulteken wurden bei diesem Gemetzel umgebracht oder von den Tlaxcalteken in Gefangenschaft geführt, wo sie sicherlich der Opfertod erwartete. Bernal Diaz vermerkt zu diesem Tag, »sie (die Tlaxcalteken) hatten in Cholula wahrlich genug Gold, Mäntel, Baumwolle, Salz und Sklaven gefunden und kamen als reiche Leute von diesem Feldzug nach Hause«.

Wieder einmal konnte Cortés den verbliebenen Priestern und Häuptlingen zeigen, daß ihre Götter ihnen in keiner Weise zu Hilfe gekommen waren und daß die Menschenopfer völlig unnötig waren. Lediglich das Christentum sei die wahre Religion! Sofort ließ er einen Tempel säubern, die Götzenbilder vernichten und an ihre Stelle ein großes Kreuz aufstellen.

Moctezuma, der Zauderer

Natürlich verbreitete sich die Nachricht von der Zerstörung Cholulas in Windeseile über ganz Mexiko und erreichte auch umgehend Moctezuma, der »erschüttert« gewesen sein soll. Und obwohl klar war, wie Cortés und seine Verbündeten mit den Cholulteken umgegangen waren, erhielt er von seinen Priestern den Ratschlag, Cortés zwar nach Tenochtitlán einzuladen, ihn hier aber anzugreifen und alle Spanier den Göttern zu opfern und ihre Gliedmaßen zu verspeisen.

Cortés seinerseits ließ Moctezuma mitteilen, daß er in ihm noch immer einen Freund sähe und daß er schon deswegen großen Wert darauf lege, ihn endlich »von Mann zu Mann« kennenzulernen. Nach wie vor hätte er ihm im Namen seines Kaisers überaus wichtige Dinge zu sagen. Schon in den nächsten Tagen würde er deswegen in Tenochtitlán eintreffen.

Botschaften und Geschenke wurden in immer rascherer Folge ausgetauscht. Moctezuma, der Zauderer, weiß weder aus noch ein. Einerseits will er den Forderungen der Priester folgen, die eine Vernichtung der Spanier fordern, andererseits ist er aber auch von den freundlichen Worten der Spanier angetan. Entscheidungen bleiben in diesen wichtigen Stunden von ihm aus. Selbst als die Spanier, schon auf Sichtweite der Stadt, von den gebirgigen Pässen herabstiegen, versucht er noch einmal sie zur Umkehr zu bewegen.

Schließlich wirft das ganze Hin und Her auch ein bezeichnendes Licht auf den unbedingten Gehorsam der Azteken, die nicht wagen, ihrem Herrscher zu widersprechen. Keine »Falken«partei wagt es, gegen seine Entscheidungen auch nur das geringste Wort zu sagen, während die wertvollen Geschenke aus Tenochtitlán bei den Spaniern immer größere Erwartungen hervorriefen.

Das Zusammentreffen

Doch je näher die Stadt kam, umso mehr wuchsen bei Cortés' Leuten und besonders auch bei seinen indianischen Freunden Bedenken und Furcht, in diese Stadt zu gehen. Eines Tages meldeten sich sogar die Totonaken aus Cempoala bei ihm und baten darum, wieder in ihre Heimat zurückkehren zu dürfen. Cortés kam ihrem Wunsch nach, beschenkte sie reichlich, bedankte sich bei ihnen für ihre bisherigen Dienste und ließ sie ohne ein böses Wort ziehen.

Er jedoch zog mit seinen Leuten und den Tlaxcalteken weiter nach Mexiko. Je näher sie der Stadt kamen, umso schöner wurde auch ihre Umgebung. Stundenlang marschierten sie an vorbildlich bestelltem Land vorbei, kamen sie durch gepflegte Dörfer. Immer mächtiger schienen auch die Häuptlinge zu sein, die ihnen Moctezuma zum Empfang entgegenschickte. Die Spanier kamen aus dem Staunen nicht heraus, wenn sie den Pomp sahen, mit dem ihnen diese Leute entgegenkamen.

Und dann, am 8. November 1519, war es endlich so weit. Cortés und Moctezuma, die beiden Vertreter so verschiedener Welten, standen sich einander gegenüber. Er, der Menschenherr, hatte seine besten Kleidungsstücke für diesen Empfang angezogen. Bernal Diaz, der alle Ereignisse so präzise aufgeschrieben hat, beschreibt dieses Treffen so: »Er (Moctezuma) trug eine Art Halbstiefel, die mit Juwelen besetzt waren und goldene Sohlen hatten ... zahlreiche Große breiteten vor ihm kostbare Tücher auf dem Boden, damit sein Fuß nicht die nackte Erde berühren müsse ...«.

Für alle Beteiligten muß es eine unvergessene Szene gewesen sein, mit anzusehen, wie sich mit diesen beiden Männern zwei so verschiedene Welten gegenüberstanden. Vielleicht kannte der eine oder andere Spanier unter ihnen die Erzählungen von dem unbeschreiblichen Reichtum, den ihre Landsleute beim Fall der letzten Maurenbastion Granada vorfanden, vielleicht hatten auch Eltern oder Großeltern von der kostbaren Kleidung des letzten Maurenkönigs Boabdil erzählt, als dieser mit den katholischen Königen zusammentraf. War es für die Spanier ein Glücksfall, wenn sie innerhalb von knapp 30 Jahren zweimal in eine für sie völlig fremde Welt einbrachen? Haben sie in irgendeiner Weise mehr davon profitiert, als alles Wertvolle zu rauben? War der neue Kontinent nur insofern interessant, als noch Jahrzehnte nach der Eroberung von den Indios Gold und Silber abbauen zu lassen, die dabei zu Tausenden umkamen? Wie muß diesem Cortés zumute gewesen sein, wenn sich Moctezuma ihm jetzt mit jener uralten Geste des Sich-Niederbeugens, die Erde mit der Hand zu berühren, um sie dann an den Mund zu führen, unterwarf? Moctezuma wies Cortés den ehemaligen Palast seines Vaters *Axayacatl* als Quartier zu, der so groß war, daß alle Spanier und ihre indianischen Hilfstruppen darin Platz fanden. Jeden Tag besuchten sich die beiden, machten sich gegenseitig Komplimente, und Moctezuma überhäufte Cortés mit Geschenken.

Versuch der Bekehrung

Allmählich brachte Cortés aber die Rede auf sein Hauptanliegen, die Religion. Unmißverständlich hielt er Moctezuma vor, daß er nicht verstehe, wie ein so gebildeter Mann an die Macht von Götzen glauben könne, wie sie überall auf den Pyramiden ständen. Der sehnlichste Wunsch seines Kaisers wäre, wenn sich dessen großer Freund Moctezuma zum Christentum bekehren ließe. Er, Cortés, wolle nun endlich an Stelle der Götzen auch hier ein Kreuz und das Bildnis der Jungfrau aufstellen. Zum ersten Male wurde Moctezuma nun ungehalten und antwortete entschieden, daß er nicht daran dächte seinen Glauben zu ändern und daß das Volk der Azteken bisher gute Erfahrungen mit seinen Göttern gemacht hätte. Dieses Gespräch soll auf der Spitze des Haupttempels stattgefunden haben, von dem aus Cortés gemeinsam mit Moctezuma noch kurz zuvor die großartige Stadtanlage mit ihren vielen Kanälen und besonders auch den großen Markt von *Tlatelolco* bewundert hatten. Von diesem Markt sagten einige der schon viel in der Welt herumgekommenen spanischen Soldaten, daß sie noch in keiner Stadt bisher eine solche Ansammlung von Händlern und Waren gesehen hätten.

Cortés hatte schließlich insofern Erfolg bei seinen immerwährenden Bekehrungsversuchen, als er mit Einwilligung Moctezumas wenigstens in seinem Wohnquartier eine Kirche bauen durfte. Vielleicht würde es ihm gelingen, die Indios zu Christen zu machen, wenn sie sähen, wie die Spanier ihrem täglichen Gottesdienst nachgingen.

Nie gesehene Gold- und Silbermengen

Wie groß war die Überraschung der Spanier, als sie beim Bau der Kirche auf eine Wand stießen, die erst kurz zuvor zugemauert worden war. Als sie ein Loch in diese Wand stießen, fanden sie dahinter einen Raum mit einer so ungeheuren Menge Gold- und Silbergerät, daß sie aus dem Staunen nicht herauskamen. Sie hatten die Schatzkammer der Mexikaner entdeckt! Hier also waren die Tributzahlungen der unterworfenen Völker aufbewahrt! Es zeigte sich aber, wie gut Cortés seine Truppe diszipliniert hatte, denn auf seinen Befehl hin blieb der Schatz unberührt und das Loch wurde wieder zugemauert. Die Spanier hatten jetzt ein Faustpfand.

Beginnende Unruhe unter den Spaniern

Nachdem sich die erste Euphorie allmählich gelegt hatte, kamen die Klugen unter den spanischen Offizieren zu der Einsicht, daß sie in dem ihnen zugewiesenen Palast eigentlich in einer Falle saßen. Die Stadt wimmelte nur so voller aztekischer Krieger, und es gab auch schon den einen oder anderen Streit, wenn man sich unterwegs begegnete. Sie besprachen die Situation deshalb mit Cortés, der ebenfalls die Ansicht teilte, daß etwas geschehen müßte. Wie zur Bestätigung ihrer Gedanken wurden plötzlich die täglich überbrachten Nahrungsmittel knapper und die Begegnung mit den aztekischen Kriegern in den Straßen und Gassen wurde von Tag zu Tag feindseliger. Zu allem Überfluß kam aus Vera Cruz die Nachricht, daß der dort zurückgelassene Kommandant zusammen mit einigen anderen der zurückgelassenen Besatzung im Kampf gegen plötzlich rebellisch gewordene Indios gefallen sei. Auf Anraten seiner Offiziere zwang Cortés Moctezuma zum Verlassen seines Palastes und nahm ihn als Geisel in das Quartier der Spanier. Cortés bestand darauf, daß Moctezuma ihm auch noch die Anführer der für die Indios so siegreich ausgegangenen Kämpfe in Vera Cruz auslieferte. Ohne große Verhandlung wurden sie von ihm zum Tode auf dem Scheiterhaufen verurteilt. – Die Auseinandersetzung mit den Spaniern rückte näher.

Beginnende Unruhe auch unter den Indios

Angesichts solcher Ereignisse wandten sich Priester und Häuptlinge erst vorsichtig, dann immer offener gegen ihren Herrscher und kamen seinen Wünschen und Befehlen nur noch zögernd nach. Cortés unterstützte die beginnende Entfremdung zwischen Moctezuma und seinem Volk. Immer neue Methoden ersann er, um Moctezuma zu erniedrigen, was für die Spanier und ihre indianischen Helfershelfer ein Spiel mit dem Feuer war, denn trotz der augenblicklich gespannten Situation zwischen dem Tlatoani und seinem Volk bemerkte Cortés, wie auf einen Wink Moctezumas hin noch immer alle gehorchten. Fühlte sich Cortés stark genug, daß er eine kriegerische Auseinandersetzung mit den Azteken herbeiführen konnte? Eines Tages zwang er Moctezuma im Beisein der um ihn versammelten Würdenträger dazu, dem spanischen Kaiser zu huldigen – der außer aus den Berichten des Cortés nie etwas von diesem Moctezuma gehört hatte. Bernal Diaz erwähnt in seinen Aufzeichnungen, wie dem armen Moctezuma bei dieser Zeremonie die Trä-

nen herunterrannen, und daß viele Spanier ebenfalls vor Rührung weinten. Cortés aber, im Vollgefühl seiner Macht, ging immer weiter. Er schickte jetzt seine Leute aus, um sich selbst ein Bild über die Erträge in den Goldminen zu machen. Von den Stämmen, die eben erst ihren Tribut an Moctezuma geleistet hatten, forderte er nun neue Abgaben für dessen neuen Herrn, den Kaiser. Die Geschenke des Moctezuma empfand er plötzlich nur als Almosen. Er wollte mehr. Eine große Überraschung war es daher, als ihm Moctezuma den Schatz seines Vaters schenkte, den er selbst erst einige Wochen zuvor beim Bau der Kirche hinter der zugemauerten Tür entdeckt hatte. Übrigens hatte Moctezuma längst erfahren, daß die Spanier von dieser Schatzkammer wußten. Er beklagte nicht einmal, daß er nun beinahe alle seine Reichtümer weggegeben hatte, während sich die goldgierigen Spanier vor Freude kaum fassen konnten. Wie zum Hohn brachten sie es sogar fertig, sich bei Moctezuma für diese Schenkung zu bedanken.

Huejotzingo

Der Weg von der »Volkswagenstadt«
Puebla nach Mexico City führt sowohl
an Cholula als auch an *Huejotzingo*
vorbei. Der Grund, warum man auch
hier halten sollte, sind die hier besonders gut erhaltenen *Capillos Posas* in
den Kreuzgängen der Kirchen. Diese
kleinen Kapellen waren eine notwen-
dige Einrichtung, die die Geistlichkeit
für ihre Gläubigen schuf, damit diese
sich nach den Anstrengungen stunden-
langen Stehens während der häufig
stattfindenden Prozessionen kurze Zeit
ausruhen konnten.
Richtungsanzeigen zu den größeren
Städten der Umgebung werden einfach
auf die Hauswände geschrieben
(rechts).

Cholula

In Cholula zeigte Cortés zum ersten Male, daß er nicht, wie bis dahin, nur in offener Feldschlacht kämpfte. Die Einwohner Cholulas waren Verbündete der Azteken und begegneten den Soldaten und indianischen Hilfstruppen Cortés' zunächst zurückhaltend, wenig später sogar feindlich. Cortés, einen Verrat vermutend, ließ kurzerhand die von ihm eingeladenen Häuptlinge und das anwesende Volk von seinen Kanonen beschießen. Viele Cholulaner kamen dabei um, und der Tag ging als das »Gemetzel von Cholula« in die Geschichte ein. Sollte Moctezuma gezeigt werden, daß die Spanier nicht mit sich spaßen ließen? Vielleicht ist es späte Sühne, daß die Eroberer im Laufe der Zeit in Cholula über 300 Kirchen und Kapellen errichteten, von denen die berühmteste *Nuestra Señora de los Remidios*, direkt auf der Spitze der flächenmäßig größten Pyramide der Welt steht.

Leider kann dieser Kirche wegen auch nicht nach Belieben gegraben werden, und so mußten sich die Archäologen mühsam Tunnel graben, um wenigstens einigermaßen an die inzwischen überwachsene Pyramide heranzukommen. Dabei wurde festgestellt, daß die große Pyramide aus mehreren, immer wieder überbauten kleineren Pyramiden entstanden ist. Seit den letzten Grabungskampagnen in den 60er Jahren wurden an den unteren, weit außen liegenden Pyramidenseiten viele Mauerreste, Höfe, Stelen und Opferaltäre freigelegt. Auf einigen Fresken sind Szenen gezeigt, die Aufschluß über die damalige Arbeitsweise bei der Feldbestellung geben.

Cacaxtla

Fast auf der Grenzlinie zwischen den mexikanischen Staaten Puebla und Tlaxcala und nicht allzuweit von der Hauptstadt entfernt, wurde Mitte der 70er Jahre der Zeremonialort Cacaxtla entdeckt, von dem das Spektakulärste eine an die 20 m breite mit bunten Bildern bemalte Wand ist. Etwas abseits des eigentlichen Ausgrabungsgeländes steht eine freigelegte und gut wiederhergerichtete niedrige Pyramide, zu deren oberster Plattform eine breite Treppe führt (s. u.). Der normalerweise auf den Pyramiden stehende Tempel ist nicht mehr vorhanden. – Dicht bei dieser Pyramide führt eine endlos erscheinende Treppe nach oben und endet mitten auf einer großen Plattform, auf der die Grundrisse verschiedener Gebäude zu sehen sind. Die oben erwähnten Wandmalereien sind durch ein vorstehendes Dach und durch eine Glaswand besonders gegen Regen geschützt. Auf dem Bild, das unter der Bezeichnung »Schlachtenbild« (murales de la guerra) weltweites Aufsehen erregt hat, ist der Kampf zweier verschiedener Völker zu sehen:

Der Krieger im Bild links trägt mit Stacheln oder Dornen bewehrte Beinschützer und eine Vogelmaske. Seine weitere Bekleidung läßt darauf schließen, daß es sich um einen Adligen oder Häuptling handelt. Der Krieger daneben trägt dagegen nur leichte Bekleidung. Mayaexperten halten die Zeichen vor seinem Gesicht und am Knie für Ortsglyphen. Der auf dem Boden liegende Krieger scheint dem Kopfschmuck nach wieder ein »Vogelkrieger« zu sein, dem aus einer Wunde die Därme aus dem Leib quellen. Welchen Sinn der links neben seinem Kopf befindliche verzierte Knochen hat, steht nicht fest. Vielleicht handelt es sich um eine Waffe. Der Krieger rechts im Bild könnte durch die Jaguarmaske auf seinem Rücken zum »Kriegerorden der Jaguarmenschen« gezählt werden.

Cuernavaca

Bevor die Spanier kamen, hieß der Ort *Quaunáhuac*, was soviel wie »Von Wäldern umgeben« heißt. Als die Azteken den Ort eroberten, wohnte wahrscheinlich der Stamm der *Chichimeken* hier. Eine Prinzessin aus Quaunáhuac soll die Mutter Moctezumas I. gewesen sein, womit der Ort eine historische Bedeutung bekäme. Die »Großen Sprecher« und ihr Gefolge hielten sich der gesunden Luft wegen gern in Quaunáhuac auf, und auch Cortés ließ sich nach der Eroberung Tenochtitláns hier einen Palast errichten (Cortés wurde u. a. auch der Titel eines Conde de Cuernavaca verliehen). Der Palast dient heute als Museum, in dem noch einige Rüstungen und Waffen aus der Zeit der spanischen Eroberung zu sehen sind. Der Maler Diego Rivera (s. Muralisten) hat an den Wänden mehrere Abfolgen aus der Geschichte des Landes, besonders Cuernavacas, gemalt, die man sich ansehen sollte. Auf dem Vorplatz des alten Palastes steht die Riesenstatue Pater Morelos', der einer der Helden beim Kampf für die Unabhängigkeit Neuspaniens war, wie Mexiko in den 20er Jahren des vergangenen Jh. noch hieß. Freunde mexikanischer Folklore können sonntags in der Kathedrale die *Misa de los Mariachis* hören. Diese Messe mit Mariachi-Musik in der Kirche ist eine Einmaligkeit in Mexiko. – Von den gußeisernen Bänken des *Zocalo* aus kann man für eine Weile ausruhen und emsige Bürger Cuernavacas beobachten.

Taxco

Die reichen Silbervorkommen in der Stadt Taxco und in seiner Umgebung zogen schon immer die Begierde fremder Herrscher auf sich. Bekannt ist, daß schon im 15. Jh. die Azteken hier einfielen, und besonders unter Moctezuma I., der das Aztekenreich von 1440–1468 regierte, wurden den Bewohnern dieser Gegend hohe Tribute auferlegt, die sie in Form von Silber zu leisten hatten. Daß diese Tribute dann später auch an Cortés in noch höherem Maße weitergezahlt werden

mußten, liegt auf der Hand. Unendlich viele Schiffe segelten vom Hafen Veracruz mit Silberladungen aus Taxco nach Spanien. Anfang des 18. Jh. kam ein Mann namens José de la Borda nach Taxco, der durch neue Verfahren in der Silbergewinnung innerhalb von wenigen Jahrzehnten zum reichsten Mann der Stadt wurde. Daß in den Minen dabei Tausende indianischer Arbeiter umkamen, kümmerte den gottesfürchtigen Borda nicht sonderlich.
Das heutige koloniale Aussehen der Stadt mit seinen grob gepflasterten Straßen ist zum großen Teil auf seine Baumaßnahmen zurückzuführen.

Besonders die am Zocalo der Stadt stehende Kirche *Santa Prisca* (oben) mit ihren vergoldeten Altären ist hervorzuheben. Ihre Fertigstellung soll den für die damalige Zeit astronomischen Betrag von 7,5 Millionen Goldpesos gekostet haben. Zu den vielen Baudenkmälern der unter Denkmalschutz stehenden Stadt zählt auch das einst von Alexander von Humboldt bewohnte Haus. Präsident Benito Juarez ließ hier ein Messingschild anbringen, auf dem zu lesen ist, daß »der Wissenschaftler und berühmte Reisende« im April 1803 dieses Haus bewohnte.

63

Guanajuato

Von der Plattform oberhalb der Stadt hat man den besten Blick auf die verwinkelten Straßen und Gebäude von Guanajuato. Die Stadt ist auch Hauptstadt des gleichnamigen Staates, aber kaum jemand weiß, daß sie einst auch Hauptstadt Mexikos war – wenn auch nur für einen Monat (1858). Schon bald nachdem der letzte indianische Widerstand gebrochen war, gründeten die

Spanier (1535) Guanajuato. Von diesem Zeitpunkt an wurde im wahrsten Sinne des Wortes auf dem Rücken der Indios hauptsächlich Silber abgebaut, die das zentnerschwere Erz aus den vielen Stollen ans Tageslicht schleppen mußten. – In wenigen dieser Minen wird heute noch, wenn auch in bescheidenerem Ausmaß als früher, Silber gefördert, darunter in der Mine *Valenciana*, an der lange Zeit auch deutsche Besitzer beteiligt waren. Im Vizekönigreich Neuspanien mußte der Erlös aus den Minen immer nach dem gleichen System geteilt werden: ein Teil für den König, der Rest für den

Konzessionär. Zu Beginn des 19. Jh. wollten die in Mexiko geborenen Nachkommen der Eroberer, die Kreolen, nicht mehr mit der spanischen Krone teilen, und so kam es, wie in vielen anderen Landesteilen auch, zu Aufständen gegen die spanische Staatsmacht. Königstreue Soldaten bauten eines der wichtigsten Gebäude der Stadt, die Alhóndiga, zur Festung aus und verschanzten sich darin. Dem Minero *Pipila*, dessen Denkmal auf der oben erwähnten Plattform steht, gelang es, Feuer an die hölzerne Tür dieses Bollwerkes zu legen, und die eindringenden Kämpfer unter Führung

Pater Hidalgos (s. Chihuahua) konnten die Königstreuen besiegen. Alexander von Humboldt schreibt, daß es sich bei jenem Pipila um einen kleinen Jungen gehandelt haben soll (sicher stimmt beides). Nach der Hinrichtung Hidalgos wurde als Abschreckung lange Zeit dessen abgeschnittener Kopf in Guanajuato ausgestellt.

Die Kirche *La Valenciana*, so benannt nach der Silbermine, soll die schönste (!) Mexikos sein (o. links). Als kleines Museum wurde das Geburtshaus Diego Riveras (s. Muralisten) hergerichtet, das sich ebenfalls in der Stadt befindet.

65

Tzintzuntzan

Glücklicherweise gibt es im Staate Michoacán ein Volk, dessen Geschichte von einem spanischen Franziskanermönch aufgeschrieben worden ist: das der *Tarasken*. Ihre Geschichte wurde in der »Chronik von Michoacán« aufgeschrieben, die in großen Teilen noch vorhanden ist. Die Tarasken leben in einer der landschaftlich schönsten Gegenden Mexikos am Patzcuaro-See. Lange Zeit war der über 2000 m hoch gelegene Ort *Tzintzuntzan* Hauptstadt eines starken Taraskenreiches. Die Reste ihres religiösen Zentrums sind noch heute weithin sichtbar, und ihre auf einer riesigen Plattform stehenden Pyramidenreste, *Yacatas*, sollten bei einer Fahrt in diese Gegend nicht ausgelassen werden. Man erreicht die »Zona Arqueologica de Yacatas« am besten vom nahegelegenen Ort Tzintzuntzan und kann dort die noch gut erhaltenen Mauerreste von fünf Yacatas sehen. Auffallend sind die verschiedenen Formen der Bauwerke, denn die größte Pyramide ist stufenförmig rechteckig, während die anderen rund angelegt sind (s. rechts). Weiterhin fällt die aus äußerst hartem (Vulkan-)Gestein gebaute Ummantelung auf.

Die Nachkommen der Tarasken, die noch heute weite Teile um den Patzcuaro-See bewohnen, leben neben der Landwirtschaft vom Fischfang und von der Herstellung von kunstgewerblichen Gegenständen aus Metall, Holz, Leder und Lehm (s. links). Die aus Lehm hergestellten kleinen »Glücksbringer« werden noch heute nach der Aussaat in der Erde vergraben, um für eine gute Ernte zu sorgen.

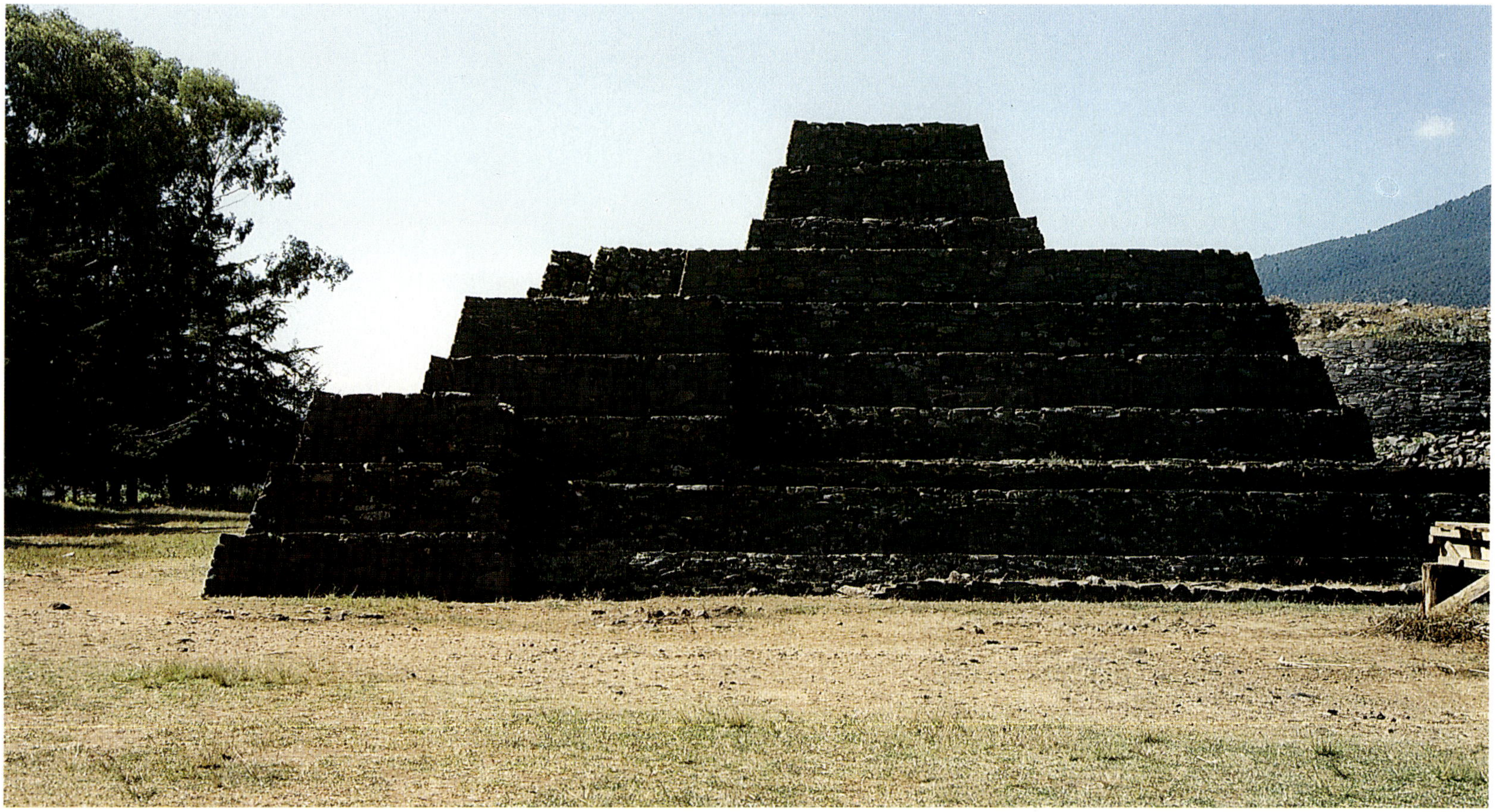

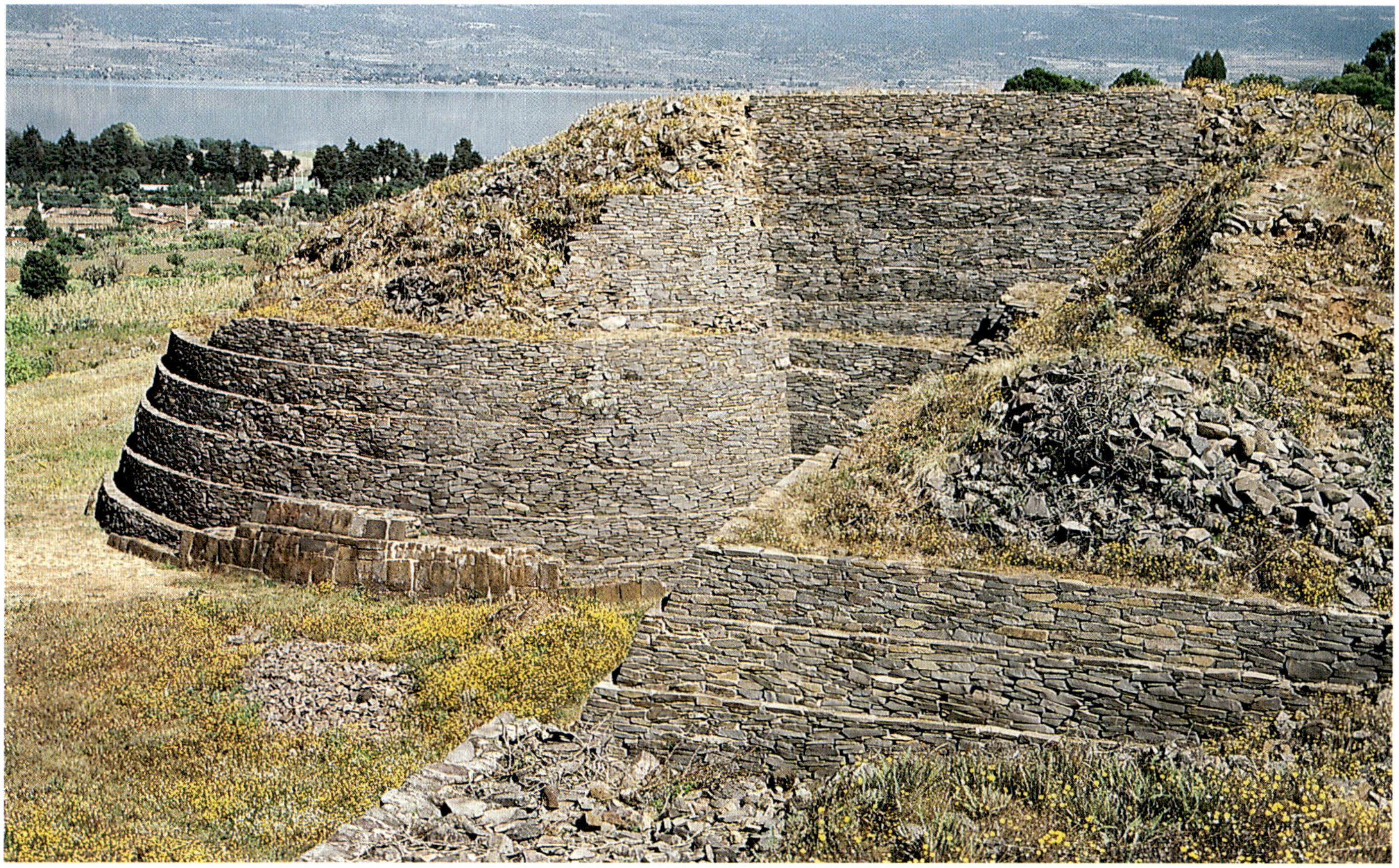

Patzcuarosee

Er soll der schönste See Mexikos sein – der Patzcuarosee. Von einer der vielen Anlegestellen rund um den See kann man ihn mit dem Motorboot befahren. Ziel ist dann die im See gelegene *Insel Janitzo*.

Schon von weitem grüßt mit erhobener steinerner Hand *Morelos*, einer der Kämpfer für die Unabhängigkeit Mexikos, dem – wie in vielen anderen Städten auch – hier ein Denkmal gesetzt wurde (s. a. Cuernavaca) und dessen Geburtsort Valladolid sogar nach gewonnener Unabhängigkeit nach ihm in *Morelia* umbenannt wurde. Filmer und Photographen freuen sich, wenn sie kurz vor Erreichen der Insel Fischer mit den seltsam aussehenden Schmetterlingsnetzen (s. u.) bei der Arbeit sehen. Eifrig tauchen sie ihre Fanggeräte in das Wasser, immer wieder, so lange, wie sie meinen, daß auch der letzte Motorbootpassagier sein Foto geschossen hat. Dann löst sich eins der Fischerboote und fährt auf das Motorboot zu, legt bei, und der Fischer sammelt bei allen Reisenden Geld für die gebotene Schau! Den einst wegen seines guten Geschmacks berühmten Weißfisch gibt es nur noch selten, und so verdienen sich die Fischer eben als »Photomodelle« ein paar Pesos hinzu. – Auf der Insel angekommen, wandert man umgehend auf gewundener Straße zum Kolossalmonument des ehemaligen Geistlichen José Mariá Morelos, wie sein vollständiger Name lautet, hinauf, um das Denkmal ganz aus der Nähe zu sehen und um von oben den weiten See und die Ufer zu betrachten. Wer seine Reise so legen kann, daß er zum »Dia de los Muertos«, (s. d.), am 1./2. November, auf der Insel ist, wird Zeuge, wie die Indios diese Nacht und den darauffolgenden Tag verbringen. Schon in der Nacht kommen sie mit ihren Booten aus den rund um den See liegenden Siedlungen. Es ist ein unvergeßliches Bild, wenn sich Hunderte von brennenden Windlichtern in der Dunkelheit auf die Insel zubewegen. Das Schmücken der Gräber, das gemeinsame Essen bis hin zu den »Pulque-Festivals« ist dann das gleiche Ritual, wie es an diesem Tage üblich ist.

Erst auf dem Rückweg von der oberen
Plattform der Insel nimmt man sich
Zeit für einen Blick in die Gäßchen und
die Fotoimpressionen, die hier »auf der
Straße liegen«, wie die beiden Kinder
am Wegrand oder die immer fleißigen
Frauen beim Tortilla-Backen (auch
hier mußte der traditionelle Holzkoh-
leofen inzwischen der elektrischen
Heizplatte weichen). Der fast nur von
Indios bewohnte Ort *Patzcuaro* (rechte
Seite) konnte bisher ein fast unbeachte-
tes Eigenleben führen. Wie überall sind
die Kirchen die bemerkenswertesten
Bauwerke des Ortes, die noch von
einigen Gebäuden aus der Kolonialzeit
ergänzt werden. Tägliche Attraktion
und Hauptanziehungspunkt ist der
Markt, wo man beispielsweise zusehen
kann, wie vermittelst einer Walze aus
Zuckerrohr Saft gepreßt und als Erfri-
schung verkauft wird. Kinder sieht
man häufig an Zuckerrohrstengeln sau-
gen oder kauen. Die Indiofrauen
(rechts unten) haben immer Zeit für
den Austausch von Neuigkeiten. Auf
den von Arkaden umsäumten Plätzen
findet man in einer der Cantinas Zeit
zum Ausruhen, denn immerhin liegt
Patzcuaro über 2000 m hoch.

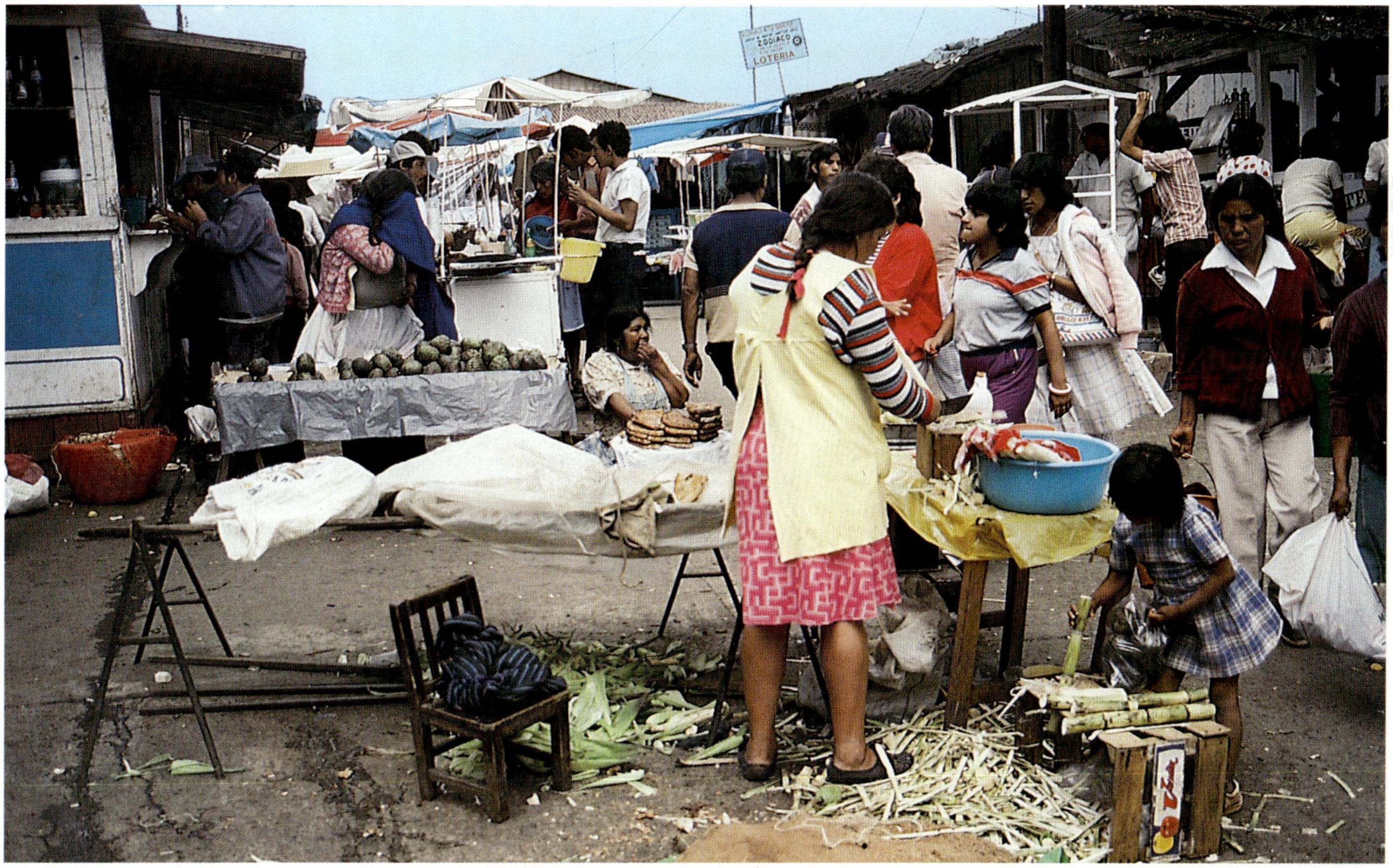
ZODIACO
LOTERIA

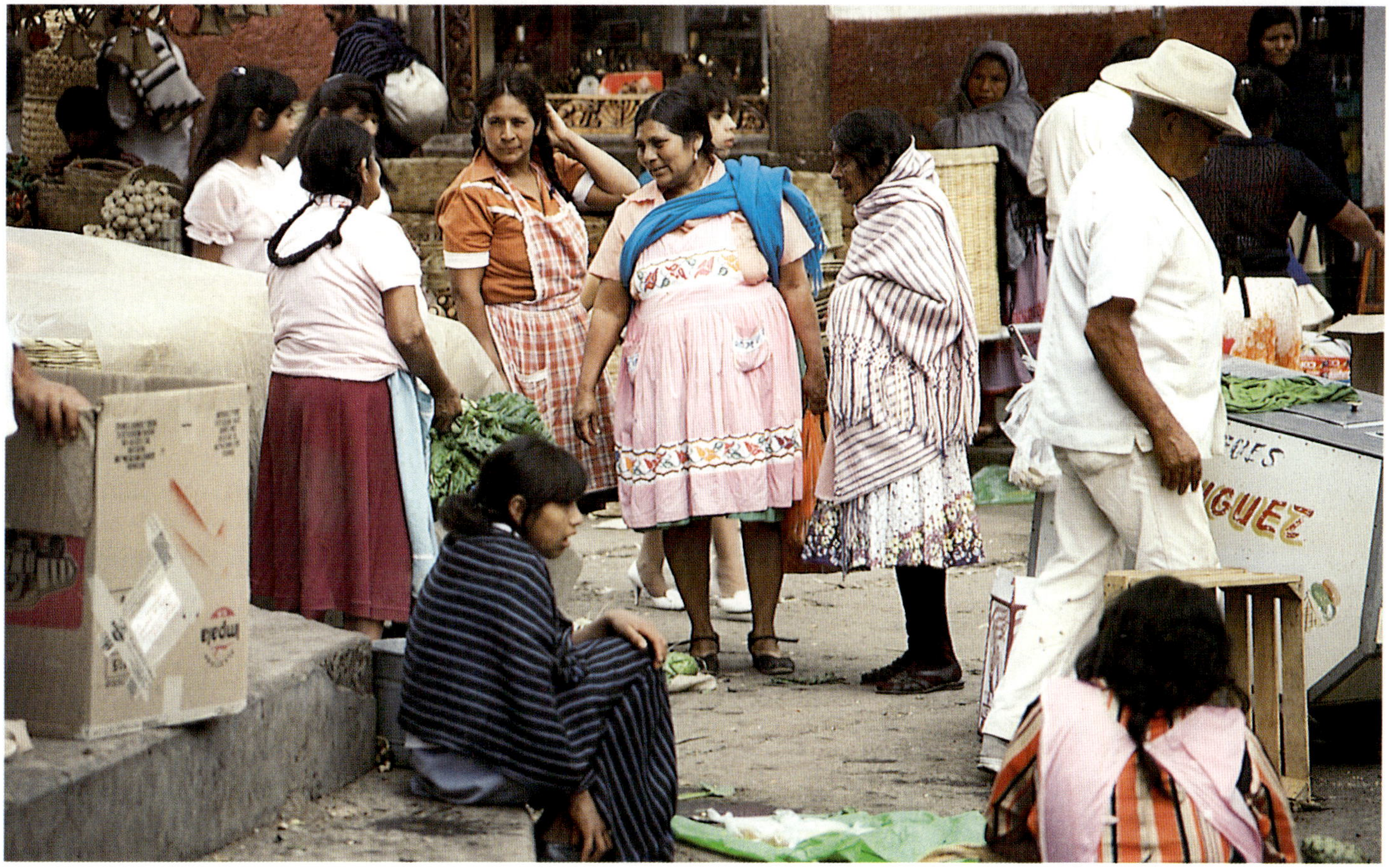

Guadalajara

Man könne Wetten darauf abschließen, daß mindestens eine der ungefähr zwei Dutzend *Mariachikapellen* abends auf der Plaza Garibaldi in Mexico City die Stücke »Guadalajara« oder »Hay Jalisco« spielt. Es sind neben einigen anderen Mariachis die immer wieder gewünschten Lieder, die auch auf dem weiteren Weg durch Mexiko ständig gespielt werden. Mit diesen beiden Liedern wird Guadalajara, die Hauptstadt des Staates Jalisco, angesungen, denn sowohl die Stadt als auch der Staat gelten als die Heimat des *Mariachi*. Guadalajara ist mit knappen 3 Millionen Einwohnern die zweitgrößte Stadt des Landes (Mexico City hat ca. 23 Millionen Einwohner). Sie wurde in den 40er Jahren des 16. Jh. von Nuño de Guzman gegründet, einem der schlimmsten Kolonialbeamten, die Spanien nach Amerika schickte. Berüchtigt war seine grausame Behandlungsweise sowohl gegen die indianische Urbevölkerung als auch gegen seine spanischen Landsleute, wenn sie beispielsweise nicht pünktlich genug die auferlegten Steuern zahlen konnten.

An dem großen Platz (Plaza de Liberación) mit der mexikanischen Nationalflagge und der im 16. Jh. gebauten Kathedrale (rechts oben) liegt auch der Regierungspalast, in dessen Treppenhaus der Maler Orozco ein riesenhaftes Gemälde angebracht hat, das den mexikanischen Unabhängigkeitskrieg beinhaltet und besonders Pater Hidalgo mit einer brennenden Fackel zeigt, dem Symbol des Kampfes gegen die spanische Vorherrschaft (s. a. Chihuahua). Ein wichtiger Beruf in Mexiko ist der des Lohnschreibers. Wie hier in Guadalajara haben sie in fast allen Städten Mexikos ihren Arbeitsplatz, einen Tisch und eine Schreibmaschine, unter

den Arkaden am Rande des Hauptplatzes (links), und erledigen sachkundig die Behördenkorrespondenz ihrer Klienten.

Eine halbe Autostunde von Guadalajara entfernt liegt der fast nur aus Souvenirläden bestehende Ort *Tlaquepaque* mit noch einigen alten spanischen Wohnhäusern.

73

Die Muralisten

Sie sind in vielen Städten zu finden, die Wandgemälde der *Muralisten*, wie jene Künstler genannt werden, die ihre Werke an die Wände der Rathäuser, der Museen, der Universitäten und so weiter malten. Es ist die Zeit des inneren Umbruchs, des allmählichen Sichselbst-Findens der mexikanischen Nation. Drei der bekanntesten Vertre- ter und Begründer dieses Stils sind die Maler Rivera, Siqueiro und Orozco, von deren Werken hier ausschnittsweise je eins gezeigt wird. – Da ist zunächst Rivera, der u. a. die Wände des Regierungspalastes in der Hauptstadt mit Szenen aus der Geschichte seines Landes bemalt hat. Selbstverständlich tat er das in der ihm eigenen Sehweise, denn Rivera war auch ein politisch engagierter Mensch, der lange Zeit der kommunistischen Partei angehörte. Die Darstellung seines Cortés beispielsweise weicht ab von dem rekkenhaften Soldaten, den viele andere Künstler malten. Auf *seinem* Bild wird er als habgieriger Dickwanst mit krankem Gesicht und rheumatischen Knie-

gelenken gezeigt. Man sieht Indios, die
zur Sklavenarbeit getrieben werden, es
werden ihnen die Zeichen ihrer Besitzer ins Gesicht gebrannt wie dem Vieh.
Man sieht aber auch eine Mutter mit
einem blauäugigen Kind auf dem Rük-
ken, was wiederum auf das – seit der
Eroberung – urmexikanische Thema
der Vermischung von weißer und brauner Hautfarbe hinweisen soll.
Im Chapultepec-Schloß, jetzt Histori-
sches Museum, hat sich Siqueiro mit
seinen Bildern verewigt. Sein Thema ist
die mexikanische Revolution mit ihrer
ständigen Forderung nach »tierra y
libertad« (Land und Freiheit). Auch
hier als Thema der Traum jedes Kommunisten: die Vereinigung zwischen
den arbeitenden Menschen in Stadt und
Land. Zu Pferde der unglückliche Präsident Madeira, der seine Pläne, besonders für die Armen und Ausgebeuteten
zu sorgen, leider nicht verwirklichen
konnte, weil die Gegenrevolution,
Großkapital und Großgrundbesitzer,
stärker war.
Im Regierungspalast von Guadalajara
ist eine der Arbeiten von Orozco zu
sehen, die den Pater Hidalgo zeigt, der
mit seiner brennenden Fackel in der
Hand das Volk zum Aufstand aufrufen
will (s. a. vorhergehende Seite) und
gleichzeitig die konservativen Kräfte,
die zeternden Militärs und landbesit-
zenden Kirchenfürsten in die Flucht
schlägt (s. Ausschnitt links). Von
Orozco wird gesagt, daß er die Kunst
des Muralismo am besten beherrschte.

Zapopan

Nach Guadelupe ist *Zapopan* der wichtigste Pilgerort Mexikos. Auf dem großen Vorplatz der Kirche sieht man häufig die Gläubigen auf Knien bis zum Altar in der Kirche rutschen, über dem eine »wundertätige« Marienstatue steht. Zum Gedenken an den Besuch Papst Johannes Paul II. errichteten die frommen Bürger der Stadt das Denkmal mit dem als *Charro* (männliche mexikanische Nationaltracht) angezogenen Jungen, was als Symbol dafür gelten soll, daß der »echte« Mexikaner und die katholische Kirche Hand in Hand gehen. Anfang Oktober findet zu Ehren der Jungfrau ein großes Fest statt, während dem für die Devotionalienhändler Hochsaison ist.

Chihuahua

Chihuahua, die Hauptstadt des größten mexikanischen Bundesstaates, wurde im Jahre 1709 gegründet und heißt mit vollständigem Namen »San Felipe de Real de Chihuahua«. Von hier aus wird der Besucher der Stadt meist die »schönste Eisenbahnfahrt der Welt« antreten, die ihn bis nach Los Mochis (s. d.) an der Pazifikküste führt. Der Zocalo mit seinem Erinnerungsdenkmal zur Gründung der Stadt, mit der Kirche und den um ihn herum gebauten modernen Geschäftshäusern und Hotels ist nicht besonders interessant, und die schmiedeeisernen Bänke laden nicht unbedingt zum Ausruhen ein. Chihuahua bietet aber auch Geschichte. Beispielsweise findet man im Regierungspalast ein Hinweisschild, daß am 30. Juli 1811, morgens um 7 Uhr, an dieser Stelle Pater Hidalgo hingerichtet wurde, der Anfang des 19. Jh. zur Unabhängigkeit Mexikos aufrief. Einem weiteren Revolutionshelden, der etwas mehr als 100 Jahre später in der Gegend Chihuahuas ermordet wurde, ist ein ganzes Museum gewidmet: Pancho Villa; sein von Kugeln durchsiebtes Auto, in dem der mexikanische Nationalheld umgebracht wurde, steht im Hof des Museums. – Für die vielgerühmte Fahrt stehen den Reisenden 6 bis 8 gelb angestrichene Waggons zur Verfügung, von denen wiederum 2 mit angebrachtem kleinen Aussichtsturm die sog. Panoramawagen sind.
Der Indio auf der Wagenwand stellt einen der in dieser Gegend wohnenden Tarahumara dar, die auch heute noch für ihre ausdauernden Läufe berühmt sind (während ihrer Fiestas bewältigen sie Strecken zwischen 200 und 250 km und stoßen dabei noch einen Gummiball vor sich her).

An einer landschaftlich besonders schönen Stelle, in *El Divisadero*, hält der Zug längere Zeit, um den Mitreisenden Gelegenheit zu geben, die einmalige Gebirgslandschaft und die von der Sonne beschienenen Berggipfel eingehend zu betrachten (s. folgende Seite). Die auf dem Bahnsteig sitzenden Frauen bieten den Reisenden selbstgefertigte Holz- und Webarbeiten an.

Los Mochis

Selbst erfahrenste Mexiko-Kenner halten Los Mochis für eine der langweiligsten Städte Mexikos. Die Kleinstadt ist die Endstation der Eisenbahn, mit der man, von Chihuahua kommend, durch eine wunderbare Landschaft gefahren ist, gleichzeitig ist Los Mochis ein Umschlagplatz für die landwirtschaftlichen Erträge der Küstenregion, wie beispielweise Früchte und Zuckerrohr. Da die Küstenregion gern von amerikanischen Angelsportlern besucht wird, die Los Mochis als ihren Standort erwählt haben, ist das Warenangebot in den Läden der sauberen Innenstadt auch ganz auf den amerikanischen *way of life* abgestellt.

Auffallend gut gekleidete Leute kann man während des sonntäglichen Kirchganges auf dem gepflegten Zocalo sehen, was auf einen gewissen Wohlstand schließen läßt, den sowohl der Tourismus als auch der fruchtbare Küstenstreifen einzubringen scheint.

Topolobampo

Es ist nur eine kurze Busfahrt von Los Mochis zu der schönen Bucht, an deren Küste Topolobampo liegt. Auf dem Weg dorthin sieht man sowohl weite Strecken, auf denen die »typisch mexikanischen« Kandelaberkakteen wachsen, als auch Felder, auf denen Orangen, Grapefruits und auch Tabak angebaut werden.

Erwähnenswert ist, daß es auch in dieser Gegend die sog. »Conasupo-Läden« gibt, die sonst nur in den großen Städten auffallen. Die Ladenkette kauft den Bauern zu festgelegten Preisen deren Erzeugnisse ab und verkauft sie dann zu niedrigeren Preisen als andere Läden weiter. Der Vorteil besteht darin, daß die Bauern garantiert ihre gesamte Ernte verkaufen können und ihren eigenen Bedarf preiswerter beziehen können. Der Nachteil ist der geringere Verdienst, weil »freie« Händler mehr zahlen, bei einem Überangebot allerdings häufig gar nichts abnehmen.

83

Cabo San Lucas

Der südlichste Ort Baja Californias Sur, wie Südkalifornien als mexikanischer Staat offiziell heißt, ist Cabo San Lucas. Von der Terrasse eines Fischrestaurants hat man eine wunderschöne Aussicht auf den feinsandigen Strand und die aus dem Wasser ragenden Felsen. Während einer Bootsfahrt um die Felsen herum sieht man sich sonnende Seelöwen und viele Vögel und den berühmten, vom Wasser aus dem Gestein herausgespülten Bogen »Lands end«. Ansonsten liegen im Hafen des Ortes hauptsächlich die großen Yachten reicher Amerikaner.

Todos Santos

Knappe 100 km von Cabo San Lucas entfernt liegt an der Westküste Baja Californias der romantische Fischerort Todos Santos (Alle Heiligen). Auch auf dieser Route fährt man durch eine herrliche Landschaft mit vielerlei Kakteenarten, während an der Meeresseite unendlich viele Badebuchten zum Verweilen einladen, leider sind sie aber wegen der ständigen Brandung touristisch kaum zu nutzen.

Auf dem gepflegten Zocalo des Ortes steht das Denkmal des hochverehrten Herrń Manuel Marquéz de Leon, eines Landreformers und Kämpfers gegen die Franzosen.

85

Acapulco

Noch immer zehrt der Badeort vom Ruf der fünfziger Jahre, als Hollywoodschönheiten und Playboys die »Szene« beherrschten. Der Tourist von heute – nicht dem Jet-set angehörend – findet in diesem Urlaubsparadies alles, was sein Herz begehrt. Die meisten Urlauber kommen aus Amerika. Sie finden in den Appartements der 30stöckigen Wolkenkratzer ihren »way of life«, und der europäische Tourist profitiert von air condition, bars, dis-

cos, swimmingpools und den sonstigen Unterhaltungen mit. Warum auch nicht! Es ist einfach herrlich, wenn man, am Fallschirm hängend, vom Motorboot gezogen, über der Badebucht schwebt oder sich im Wellenreiten übt, oder wenn die Kapelle bei über 30 Grad am Weihnachtsfeiertag »I'm dreaming of a white Christmas« spielt. Der sparsame Tourist kann währenddessen zur »Happy Hour«, zur Mittagszeit, zwei Getränke für einen Preis an der Strandbar zu sich nehmen. Eine weitere Attraktion sind die Felsenspringer von *La Quebrada*, die von ungefähr 40 Meter Höhe in ein Felsenloch ins Wasser springen – nicht ohne sich vorher zu bekreuzigen.

Ob man nun von der Hauptstadt mit dem Auto auf der von Präsident Aleman erbauten Carretera oder mit dem Flugzeug nach Acapulco kommt, in jedem Fall führt der Weg zum Hotel an den Papp- oder Bretterbehausungen vorbei, in denen ein großer Teil der Acapulqueños wohnt. Für sie ist die Hotelwelt mit ihren bunten elektrischen Lampen und munter sprudelnden Springbrunnen unerreichbar. Für die *Marias* mit ihren in Lumpen eingewickelten Babys sind die Schatten der Bäume in der Avenida Miguel Aleman Arbeitsplatz und Unterkunft gleichzeitig. Am Tage sitzen sie mit ausgestreckter Hand und leerem Blick, eine Münze erhoffend, oder häkeln unendlich viele bunte Armbänder oder Wollgürtel. An gleicher Stelle und in gleicher Haltung schlafen sie minutenweise. Keine von ihnen würde beispielsweise je daran denken, die im Erdgeschoß der Hotels liegenden gepflegten Toiletten oder Waschbekken zu benutzen. Wo käme man da auch hin!

Pik von Orizaba

Mit über 5700 m ist der Pico de Orizaba der höchste Berg Mexikos. Sein ursprünglicher indianischer Name war Citlaltépetl, was soviel wie Sternenberg bedeutet. Cortés hatte die schneebedeckte Spitze des Riesenberges auf seinem Weg nach Tenochtitlán ständig vor Augen. Amerikanische Soldaten sollen den Berg Mitte des vergangenen Jh. erstmals bestiegen haben. Leider ist die schneebedeckte Spitze des Berges nicht mehr so weiß wie ehedem, wozu die in die Luft geblasenen Abgase unzähliger Fabrikschornsteine beitragen. Neben vielen ähnlichen Projekten in anderen Gegenden Mexikos soll auch um den Pico de Orizaba ein Naturschutzgebiet entstehen. Die ca. 150 000 Einwohner der Stadt Orizaba leben neben der Fertigung von Baumwoll- und Juteerzeugnissen zum großen Teil auch von der Landwirtschaft, wobei der Kaffeeanbau eine besonders große Rolle spielt. Leider war nicht zu erfahren, nach welchem der beiden Moctezumas die Brauerei der Stadt benannt worden ist. Mit den hier gebrauten Bieren »Dos Equis« oder »Tres Equis« macht der Mexiko-Reisende bald Bekanntschaft. Die Nähe des Berges und die damals noch vorhandene frische Luft werden dazu beigetragen haben, daß sich »Kaiser Max«, der österreichische Herrscher Mexikos (1864–1867), gern hier aufgehalten hat (vielleicht war es auch Sehnsucht nach der heimatlichen Bergwelt?). Bei dem schweren Erdbeben von 1973 wurde die Stadt Orizaba schwer verwüstet.

Probleme bei der Teilung des Schatzes

Genau wie Pizarro einige Jahre später in Peru, ließ Cortés alles Gold zu Barren zusammenschmelzen, damit die Verteilung gerechter vor sich gehen konnte. Unwiederbringliche Kunstwerke, die von den hervorragendsten Goldschmieden des Aztekenreiches geschaffen worden waren, sind dabei für immer verlorengegangen. Bei der Besichtigung des Schatzes beispielsweise, benötigte Cortés ansonsten abgestumpfte Kriegsknechte tagelang um alle Gegenstände ausgiebig zu bewundern. Die einfachen Soldaten unter den Spaniern waren allerdings mit der nun vorgenommenen Teilung nicht einverstanden. Staunend mußten sie mit ansehen, wie Offiziere, Reiter, Musketen- und Armbrustschützen, ja, selbst die mitgereisten Geistlichen bei der Aufteilung der Beute bevorzugter behandelt wurden als sie, die »nur« mit Lanze oder Schwert an dieser Eroberung teilgenommen hatten. Daß die Krone den ihr zustehenden Teil bekam und daß Cortés sich ebenfalls einen guten Teil beiseite legte, nahmen sie ja noch hin. Mit allen anderen sahen sie sich aber gleichberechtigt, obwohl die Beuteverteilung bei Kriegszügen dieser Art jahrhundertealte Tradition war und sich nach Bewaffnung und Rüstung richtete, die jeder Soldat selbst stellte. Cortés ließ sich jedoch auf nichts ein, war aber andererseits so fair, auch die in Vera Cruz zurückgebliebene Truppe mit ihrem Anteil zu bedenken. So beschäftigt waren sie in diesen Tagen mit der Verteilung des Goldes, daß sie die immer größer werdende Feindseligkeit der Indios gar nicht bemerkten.

Velasquez greift ein

Der Statthalter von Kuba, Velasquez, hatte die mehr oder weniger heimliche Ausfahrt des Cortés noch immer nicht verwunden. Ganz und gar mißfiel ihm aber nun, daß Cortés, der ja sein Untergebener war, das erbeutete Gold direkt an den Hof nach Spanien schickte. Er hatte sich darum die entsprechenden Vollmachten besorgt, die ihn zum einen in die Lage versetzten, gegen Cortés eine Strafexpedition auszurüsten und zum anderen genau festlegten, daß andere Länder nur in seinem Namen zu erobern seien. Mit vierzehn Schiffen, auf denen sich über tausend Soldaten, zwanzig Geschütze, 80 Reiter, viele Armbrustschützen und Musketiere befanden, wollte er endlich gegen Cortés vorgehen. Den Oberbefehl über diese Streitmacht erhielt der ihm besonders ergebene *Panfilo de Navaez*. Und so schnell Cortés von der Ankunft des Navaez erfuhr, Moctezuma erhielt durch seine Schnelläufer diese Nachricht noch eher. Längst hatte er herausgehört, daß zwischen Cortés und den Leuten auf den Schiffen Feindschaft herrschte. Die »göttlichen« Spanier uneins?

Das reizte selbst einen Zauderer wie Moctezuma. Schnell schickte er einige seiner Würdenträger mit Geschenken an die Küste und befahl auch, daß sich die Bewohner dieser Gegend gegenüber diesen Spaniern freundlich verhalten sollten. Navaez sah eine Chance und ließ Moctezuma ausrichten, daß Cortés und seine Leute in Spanien die Todesstrafe erwarte, weil sie dieses Land ausbeuteten und einen so bedeutenden Herrscher wie ihn gefangenhielten.

Auch Cortés ahnte, welcher Art die Leute auf den Schiffen waren. Mit einem großen Teil seiner Soldaten zog er darum Navaez entgegen und übergab das Kommando über den gefangenen Moctezuma und über die Stadt *Pedro de Alvarado*, mit dem es, das werden die kommenden Ereignisse bald zeigen, noch eine Menge Ärger geben wird. Cortés versteht es vermittelst einiger Geschenke und Versprechungen über zukünftigen Reichtum, einige der von Navaez ausgeschickten Unterhändler und einen großen Teil von dessen Soldaten zu beeindrucken und auf seine Seite zu ziehen. Um den Leuten des Navaez zu beweisen, daß es mit diesem Reichtum seine Richtigkeit hat, legten die Hauptleute Cortés zu diesen ersten Begegnungen extra ihre eben erst erhaltenen Goldketten um und schmückten sich mit den Juwelen und Perlen vom Schatz des Axayacatl. Trotzdem kommt es im März 1520 zur Schlacht zwischen den beiden verfeindeten spanischen Gruppen. Zum ersten Male kämpfen auf dem Boden des eben erst eroberten Kontinentes Spanier gegen Spanier. Und trotz ihrer zahlenmäßigen Unterlegenheit blieben die kampferprobten Soldaten Cortés' Sieger. Navaez selbst wurde schwer verwundet und geriet in Gefangenschaft.

Alarmierende Nachrichten aus Tenochtitlán

Kaum war dieser Kampf gewonnen, als neue, für Cortés alarmierende Nachrichten, eintrafen. Der in Tenochtitlán zurückgebliebene Alvarado hatte ein Fest, das die Indios zu Ehren ihrer Götter veranstalteten, dazu genutzt, um über Priester, Häuptlinge und das feiernde Volk herzufallen und viele von ihnen zu töten. Auch von den Spaniern waren einige gefallen. Er befände sich, ließ er melden, in großer Not. Mit nun fast 1500 Spaniern und weiteren 2000 Tlaxcalteken machte Cortés sich auf den Weg nach Tenochtitlán. Als er die Hauptstadt wieder erreichte, hörte er sich einander widersprechende Berichte. Die einen sagten, daß es nur dem Einfluß Moctezumas zu verdanken sei, wenn die Kämpfe inzwischen eingestellt worden waren und die Spanier überhaupt noch lebten. Alvarado hingegen begründet seinen Angriff damit, daß er den Indios nur zuvorgekommen sei, denn diese waren durch ihre Häuptlinge und Priester während des Festes so aufgestachelt worden, daß sie sowieso über die Spanier herfallen wollten. Ein anderer Grund für die Indios sei auch gewesen, daß sie sich nicht länger mit der Gefangenschaft Moctezumas abfinden wollten. Cortés' bisher so erfolgreiche Diplomatie beim Umgang mit den Indios versagte dieses Mal. Sie glaubten ihm nicht mehr und wollten die nun schon so lange andauernden Demütigungen auch nicht länger ertragen. Sie wollten die Spanier wieder aus ihrer Stadt heraushaben!

Urplötzlich änderte sich die Lage in der Stadt: Die Lieferung der Nahrungsmittel, auf die die Spanier so angewiesen waren, blieben aus. Der große Markt von Tlatelolco, von dem aus sich die Spanier mit Lebensmitteln versorgten, wurde geschlossen. Die Spanier saßen in der Falle.

Cuitlahuac, der neue Herrscher

Das Unfaßbare geschah: Das aufgebrachte Volk der Azteken wollte sich nicht länger von einem Mann regieren lassen, der Gefangener der Spanier war. Sein eben erst aus spanischer Gefangenschaft entlassener Vetter *Cuitlahuac* wurde zum neuen Herrscher ernannt. Der verwandelte in kürzester Zeit die Stadt in eine Festung. Er ließ Barrikaden bauen, umgab die Dächer der Häuser mit mannshohen Mauern, hinter denen er handliche Steine und andere Wurfgeschosse für einen bevorstehenden Kampf aufstapeln ließ. Kurz darauf sahen die Spanier entsetzt eine gewaltige Aztekenarmee aus allen Richtungen auf ihr Quartier zu marschieren. In aller Eile schlugen sie Löcher in die Palastmauern, um für ihre Kanonen, Musketen und Armbrüste Schießscharten zu schaffen, die Cortés beim weiteren Herannahen dieser Massen auch sofort besetzen ließ. Es ist bewundernswert, daß Cortés' Leute bei diesen Menschenhaufen, deren unaufhörliches Gebrülle und Gepfeife noch von den schrecklichen Lauten der Muschelhörner und den anfeuernden Paukenschlägen unterstützt wurde, nicht sofort mutlos wurden. Schon die ersten Kanonenkugeln schlugen Breschen in die

Reihen der angreifenden Indios, die aber mit dem Mut der Verzweiflung und mit der aufgestauten Wut gegenüber den Fremdlingen diese Lücken sofort wieder mit neuen Kämpfern füllten und nicht zurückwichen. In der Hauptsache waren es die in schwarze Gewänder gekleideten Priester, die Papas, die immer wieder durch die Reihen der Azteken huschten und sie mit wildesten Verwünschungen, die sie gegen die Spanier ausstießen, zu nie nachlassendem Mut und zur Kampfbereitschaft aufstachelten. Auch ein verzweifelter Ausfall von Cortés und seinen Reitern brachte nur eine ganz kurzfristige Entlastung.

In seiner Not überredete Cortés Moctezuma, den er kurze Zeit vorher noch als »indianischen Hund« bezeichnet hatte, dazu, mit den Angreifern zu sprechen. Der Herrscher sollte die Krieger beruhigen und ihnen sagen, daß Cortés bereit wäre, die Stadt wieder zu verlassen. Ein Pfeifkonzert war die Antwort, und noch während Moctezuma sprach, wurden Steine und Speere gegen ihn geschleudert. Die Schilde der spanischen Begleitsoldaten konnten nicht verhindern, daß Moctezuma getroffen wurde und ohnmächtig davonge-

91

tragen werden mußte, was sein ihm bisher so ergebenes Volk mit Gelächter quittierte. Das war das Ende Moctezumas. Als er am 30. Juni 1520 starb, war es weniger wegen der ihm zugefügten Verwundungen als vielmehr wegen der erlittenen Schmach und aus Gram über sein Volk.

La noche triste – Die Traurige Nacht

Der Aufstand der Azteken aber ging mit der einmal begonnenen Entschlossenheit weiter. Und da den Spaniern nun außer den Lebensmitteln auch die Munition für ihre Kanonen und Büchsen ausging, entschlossen sie sich zu einem Ausfall – oder besser gesagt zur Flucht. Cortés ließ alles inzwischen angesammelte Gold zusammentragen und das dem Kaiser zustehende Fünftel von einem Notar beglaubigen und auf das stärkste Pferd laden. Der Rest wurde unter die Offiziere und Mannschaften verteilt. Er warnte noch davor, sich allzu schwer mit dem Gold zu beladen, weil es bei den bevorstehenden Kämpfen mit den Azteken nur hinderlich sein würde. Wer aber wollte die eben erhaltenen Reichtümer wieder hergeben!

Für den Ausfall wurden die Nachtstunden festgelegt, weil zu dieser Zeit die Kampfhandlungen meist ruhten und weil die Azteken nachts auch nicht gern kämpften. Die Spanier waren schon ein gutes Stück vorangekommen, als sie, berichtet Bernal Diaz, von einem wasserschöpfenden Weib bemerkt wurden, das sofort Alarm schlug. Ehe sich die Spanier versahen, wurden sie von allen Seiten angegriffen. Viele Pferde wurden bei diesem ungestümen Angriff samt ihren Reitern in das Wasser gestoßen. Die Spanier und ihre indianischen Verbündeten konnten sich auf den schmalen Dämmen, die Tenochtitlán mit dem Festland verbanden, gar nicht zum Kampf stellen, sie fielen in die vorher ausgehobenen Gräben und wurden von den Dächern der Häuser aus mit Wurfgeschossen aller Art beworfen. Vollbesetzte Kanus ruderten an den Dämmen entlang und beschossen die Spanier unaufhörlich mit Pfeilen. Nur wenige von ihnen erreichten das rettende Ufer, und ihre Verluste waren so hoch, daß diese Nacht (30. 6./1. 7. 1520) als »Die Traurige Nacht« (La noche triste) in die Geschichte der Eroberung Mexikos einging. Einige hundert Spanier waren gefallen. (Die Verluste unter den Tlaxcalteken wurden nicht gezählt.) Viele von Cortés' Soldaten konnten gar nicht kämpfen, weil sie sich – wie Cortés es vorausgesagt hatte – zu sehr mit Gold beladen hatten. Einige von ihnen hatten im Vertrauen, daß schon alles gut gehen werde, lieber ihre Waffen zurückgelassen, um noch ein paar Goldbarren mehr tragen zu können. Alle Kanonen, die noch Stunden zuvor soviel Unheil unter den Angreifern angerichtet hatten, und die bei dem Ausfall von den indianischen Hilfstruppen zurückgeschleppt werden sollten, versanken in den Wassern des Texcoco-Sees – genau wie das meiste Gold aus dem Schatzhaus des Axayacatl. Am Ufer des Sees versammelten sich die wenigen, die dem Kampf entkommen waren. Einige Ritter wollten nochmals zurück, um den noch immer auf den Dämmen Kämpfenden beizustehen, mußten aber gleich die Sinnlosigkeit dieser Absicht einsehen und kehrten entmutigt wieder zurück. Cortés konnte sich darüber freuen, daß seine beiden »Zungen«, Malinche und Aguilar, unter den Geretteten waren. Sein Bericht an den Kaiser klingt karg, wenn er über dieses Ereignis schreibt ». . . auf beiden Seiten kämpfte man mit großem Ungestüm, und meine Truppen, Spanier wie Tlaxcalaleute . . . erlitten ungeheure Verluste . . . Wir verloren das ganze Gold, die Schmucksachen, die Stoffe, alles, was wir mitgenommen hatten; wir büßten auch die ganze Artillerie ein«.

Nach Cortés' eigenen Angaben verloren die Spanier in dieser Nacht 150 Leute, 45 Pferde und mehr als 2000 Tlaxcalteken. Ein Ritter aus der Begleitung des Cortés, Thoan Cano, spricht von fast 2000 gefallenen Spaniern und über 8000 getöteten Tlaxcalteken. Der Mönch Gomorra gibt an, daß 450 Spanier und viertausend Tlaxcalteken bei den Kämpfen dieser Nacht umkamen. Nach den vorher immer wieder genannten Zahlen über die Gesamtstreitmacht scheint diese Angabe den tatsächlichen Verlusten am nächsten zu kommen.

Wohin nun diese geschlagene Armee mit ihren Verwundeten in ihren verbeulten Rüstungen und zerrissenen Bekleidungsstücken auf dem Weg zu ihren tlaxcaltekischen Freunden auch kam, überall wurde sie nun mit Steinen oder Speeren beworfen und verhöhnt. Nur die gelegentlichen mutigen Attacken der Reiter konnten die sie verfolgenden Indiogruppen immer wieder verjagen.

Letzte Chance für die Indios: Otumba

Noch einmal hatten die Azteken die Möglichkeit, die Spanier zu vernichten. Cortés konnte auf diesem traurigen Rückzug seiner Truppe seine soldatischen Fähigkeiten zur Geltung bringen: Es war der 7. Juli 1520 (nach Bernal Diaz war es der 14. Juli). Die Spanier waren bis zu den Bergkämmen gekommen, von denen aus sie einen weiten Blick auf die Pyramidenreste von *Teotihuacán* werfen konnten. Weit in der Ferne sahen sie schon die Hügelspitzen des befreundeten tlaxcaltekischen Landes, das ja nach der schmählichen Niederlage in Tenochtitlán das Ziel ihrer Flucht war. Voll Entsetzen konnten sie aber auch auf der vor ihnen liegenden Ebene von *Otumba* Abertausende aztekischer Krieger sehen, die auf den Abstieg der Spanier warteten und ihnen den Weg versperrten. Wiederum vernahmen sie diesen gewaltigen Lärm, die kreischenden Muschelhörner, die Schläge auf die oft mit Menschenhaut bespannten Pauken. Hier warteten die aztekischen Krieger auf die Spanier und auf die verräterischen Tlaxcalteken. Trotz dieser Bedrohung stieg Cortés von den Hügeln herunter und nahm die Schlacht an. Mit dem Mut der Verzweiflung schlugen sie sich Mann gegen Mann und kämpften viele der Azteken nieder – hatten aber auch selbst große Verluste. In dieser aussichtslosen Lage erblickte Cortés plötzlich in einer Sänfte den Oberbefehlshaber der aztekischen Truppen. Nur höchste Adlige durften die Sänfte, von der aus er die Schlacht lenkte, tragen. Dieser Mann war *Ciuacoatl*, »Weibschlange«, der zweitmächtigste Mann im Aztekenreich.

Aus unzähligen Kämpfen mit den Indios hatte Cortés gelernt, daß diese ohne Führung hilflos sind. Mit einigen anderen Berittenen bahnte er sich einen Weg bis zu dieser Sänfte. Die Leibwache konnte den wütenden Angriffen der Reiter nicht standhalten, Ciuacoatl fiel – und die jetzt führerlosen Azteken zogen sich sofort panikartig zurück. Durch diesen Handstreich blieben die Spanier Sieger auf dem Schlachtfeld von Otumba. Allerdings schreibt Bernal Diaz, daß die Verluste für die Spanier nach dieser Schlacht beängstigend aussahen. Tausend Spanier und eintausendfünfhundert Tlaxcalteken sind noch nach der Flucht aus Tenochtitlán umgekommen. »... sie sind gefallen oder den Götzen geopfert worden«, schreibt er und setzt traurig fort, »wir waren jetzt nur noch 440 Mann, 12 Armbrustschützen und

sieben Musketiere, hinzu kamen noch 20 Pferde. Mit der gleichen Zahl Soldaten sind wir seinerzeit aus Kuba abgesegelt.«

Prescott schreibt in »Die Eroberung Mexikos«: »... es war einer der merkwürdigsten Siege, die jemals in der Neuen Welt errungen wurden«.

Cortés selbst gibt sich in seinem Bericht an Kaiser Karl bescheidener, denn er bemerkt lediglich, »So fochten wir denn vom Morgen an, als es Gott so fügte, daß einer dieser Edlen, vielleicht der Führer des Ganzen fiel und sein Tod die Einstellung der Feindseligkeiten zur Folge hatte«. Cortés wußte zu diesem Zeitpunkt nicht, welche Bedeutung dieser getötete Adlige hatte, denn »Weibschlange« war einer der einflußreichsten Politiker des Aztekenreiches. In der Rangfolge war es so, daß der Tlatoani die Außenpolitik und das Militärwesen leitete, während »Weibschlange« für die Innenpolitik verantwortlich war. In diesen für das Aztekenreich so ernsten Zeiten war er auf besondere Weise gefordert und versuchte noch einmal das Steuer zugunsten seiner Leute herumzureißen. Vergebens!

Bei Freunden

Herzlich war die Aufnahme, die der Rest der geschlagenen Armee wenig später bei den Tlaxcalteken erfuhr. Traurig waren die Leute um den alten Xicotencatl, als sie von den hohen Verlusten ihrer Krieger bei den Auseinandersetzungen gegen die Azteken erfuhren. Sein immer kämpferisch veranlagter Sohn und eine kleine Kriegspartei, die

schon beim Einmarsch der Spanier so tapfer gegen diese gekämpft hatten, versuchte nun abermals Truppen gegen Cortés zusammenzuziehen. Wollte er noch einmal für die indianische Sache kämpfen? Cortés erfuhr von diesen Plänen, und trotz aller Freundschaft zu den Tlaxcalteken wurde der junge Xicotencatl hingerichtet.

Während seines Aufenthaltes bei den Tlaxcalteken hatte Cortés nur einen Gedanken: die Wiedereroberung Tenochtitláns. Ungeduldig erwartete er die Genesung der vielen Verwundeten. Er selbst hatte zwei schwere Kopfverletzungen davongetragen, und an der rechten Schwerthand hatte er während eines Gefechtes zwei Finger eingebüßt. Danach galt es das Image wiederherzustellen, das durch seine Niederlage in Tenochtitlán bei den Indios der Umgebung sehr gelitten hatte. Zu oft hatte er bei ihnen in den Dörfern, die den Weg bis zum Erreichen der Grenzen der Tlaxcalteken säumten, eine veränderte, fast feindselige Haltung erkennen müssen. Er hörte auch, daß verschiedene Gruppen von Spaniern, die sich vor Monaten auf dem Weg zu ihm nach Tenochtitlán befanden, in verschiedenen Dörfern überfallen und getötet worden waren. Dieses galt es nun nachträglich zu rächen. Mit seinen tlaxcaltekischen Bundesgenossen zog Cortés zu einigen Strafexpeditionen aus und verschaffte sich in den aufsässigen Dörfern wieder Respekt.

Neue Vorbereitungen

Aber auch in Tlaxcala selbst rüsteten die Spanier. Von einem erfahrenen Schiffsbaumeister, der die Kämpfe in Tenochtitlán zu Cortés' großer Freude gesund überstanden hatte, ließ er eine Anzahl Schiffe, Brigantinen, anfertigen, die er dann, wenn der neue Eroberungszug losgehen sollte, zerlegt bis an das Ufer des Texcoco-Sees bringen lassen wollte. Aus der Niederlage in Tenochtitlán hatte Cortés gelernt, wie wichtig die Beherrschung des Sees war, als er bei seinem Weg über die Dammstraßen immer wieder aus den Kanus der Indios heraus beschossen und angegriffen wurde.

Gelegentliche Auffrischung erhielt seine Truppe durch Gruppen spanischer Soldaten oder von Seeleuten, die immer häufiger in der Nähe von Vera Cruz landeten, um auf eigene Faust ihr Glück zu machen. Nur allzugern schlossen sie sich den Soldaten Cortés' an. Zum Ende des Jahres 1520 war es dann soweit! Am 28. Dezember verließ Cortés wiederum Tlaxcala und setzte sich in Richtung Tenochtitlán in Bewegung. Nach der nur wenige Monate zurückliegenden Niederlage muß einmal mehr sein Mut bewundert werden, denn seine neue Armee war kaum stärker als beim ersten Mal: 550 Infanteristen, die meisten davon nur mit Schild und Schwert bewaffnet, vierzig Reiter und nur ganz wenige Kanonen, die er aus Vera Cruz heranschaffen ließ, sollten Tenochtitlán nun zum zweiten Male erobern. Wieder schlossen sich ihm einige tausend Tlaxcalteken an, die darauf brannten, ihre gefallenen Stammesbrüder zu rächen. Bernal Diaz spricht von 20 000 Kriegern.

Cuauhtemocs trauriges Erbe

In Tenochtitlán selbst hatten sich die Dinge inzwischen völlig verändert. Ein von den Spaniern eingeschleppter Pockenfall breitete sich zum Ende des Jahres 1520 zu einer Epidemie aus und kostete Tausende Tote. Nach aztekischen Berichten starben hierbei mehr Indios als bei den bisherigen Kämpfen gegen die Spanier. Großes Pech für die Azteken war der Tod Cuitlahuacs. Nach nur 80 Regierungstagen ging er ebenfalls an dieser Krankheit zugrunde.

Neuer Herrscher wurde der Sohn des kriegerischen Ahuizotl, dem Vorgänger Moctezumas II. Sein Name war Cuauhtemoc, was soviel wie »Stürzender Adler« bedeutet. Bei seinem Regierungsantritt soll er ungefähr 25 Jahre alt gewesen sein. Von ihm soll damals auch der erste Pfeil auf Moctezuma abgeschossen worden sein, als dieser im Auftrage Cortés' die aufgebrachten Azteken vor dem Quartier der Spanier wieder zur Ruhe bringen sollte. Er wurde der mutige letzte Herrscher seines Volkes, denn die bevorstehende Niederlage der tapferen Azteken war nicht mehr aufzuhalten.

Bei seinem zweiten Angriff hielt es Cortés für besser, zunächst die volkreichen Städte rings um den See zu besetzen, was ihm in den meisten Fällen auch ohne große Schwierigkeiten gelang. Zwar wehrten sich einige von ihnen verzweifelt, und ihre Bewohner flohen im letzten Augenblick nach Tenochtitlán oder in die entfernter liegenden Berge. Andere gaben schon nach kurzem Widerstand auf und unterwarfen sich. Die Abgaben, die die besiegten Dörfer oder Städte jetzt an Cortés zu leisten hatten, bestanden nicht nur aus Gold, Silber oder Baumwolle. Für den entscheidenden Kampf benötigte er vor allem Waffen. Unter strenger Aufsicht seiner Waffenmeister mußten die Indios Tausende von Pfeilen und Speerspitzen herstellen. Dann begann die endgültige Einschließung Tenochtitláns. Zuerst griffen die Spanier *Chapultepec* an, um die Leitungen zu zerstören, die Tenochtitlán mit Trinkwasser versorgten. Diese Maßnahme wurde so erfolgreich in die Tat umgesetzt, »daß die große Stadt für die Dauer des gesamten Krieges kein Wasser mehr aus dieser Leitung schöpfen konnte«, schreibt Bernal Diaz.

Kampf um die Stadt und Cuauhtemocs Gefangennahme

Verbissen wurde jetzt um den Besitz der Dämme gerungen, denn nur nach deren Überwindung konnte man in die Stadt gelangen. Anfangs beteiligten sich die Brigantinen Cortés' erfolgreich an den Kämpfen. Bald erfanden die Mexikaner aber ein Gegenmittel, indem sie Pfähle in den Seegrund rammten, die die Fahrtüchtigkeit der Schiffe einschränkten. Ein Gewaltstoß, der Spanier und Tlaxcalteken bis in die Stadt bringen sollte, wurde zu einem Fiasko. Cortés verlor über 60 Männer und einige Pferde. Viel schlimmer aber war, daß alle Spanier, die bei diesem Angriff in Gefangenschaft gerieten, auf der Pyramide geopfert wurden. Von weitem mußten die verzweifelten Spanier mitansehen, wie ihre Kameraden auf die Opfersteine gezerrt wurden, um ihnen dort die Herzen auszureißen.

Weil die Brigantinen beim Kampf um die Dämme nicht erfolgreich waren, setzte sie Cortés jetzt anders ein. Er hatte bemerkt, daß Tenochtitlán vom Festland her Verstärkung erhielt und mit Lebensmitteln versorgt wurde. Seine schnellen Schiffe machten Jagd auf diese vollbesetzten Kanus, und bald war diese Verbindung zur Hauptstadt für die letzten Verbündeten des Cuauhtemoc völlig unterbrochen.

Immer näher schoben sich die Spanier an die Verteidiger heran, die nun neben dem herrschenden Wassermangel auch keine Lebensmittel und keine Soldaten mehr bekamen. Abermals ließ Cortés, für den die täglichen Kämpfe auf die Dauer ebenfalls sehr verlustreich waren, Cuauhtemoc ein Friedensangebot machen, das dieser aber entschieden ablehnte. Als Cortés dann eines Tages der genaue Aufenthaltsort des Cuauhtemoc verraten wurde, ließ er durch seine Brigantinen einen entschlossenen Angriff fahren, bei dem es ihm gelang, den Herrscher der Azteken und viele Vornehme gefangenzunehmen und den Kampf damit für sich zu entscheiden. Nach 93tägiger Belagerung fiel Tenochtitlán am 13. August 1521. »So

stehe ich jetzt als dein Gefangener vor dir. Nimm den Dolch, den du an deinem Gürtel trägst und stoße mich nieder«, soll der tapfere Cuauhtemoc zu Cortés gesagt haben. Nach spanischen Chroniken hat Cortés jedoch die Tapferkeit seines Gegners gelobt und ihm versichert, daß er auch weiterhin Herrscher über Mexiko und sein Land bleiben dürfe. Den Spaniern, die Tenochtitlán tagelang durchsuchten – plünderten –, muß sich ein schreckenerregendes Bild geboten haben. »Die Stadt sah wie ein frisch gepflügter Acker aus, denn die Einwohner hatten jede Wurzel gesucht, herausgerissen und verzehrt. Die Bäume hatten keine Rinde mehr ... Es hat wohl kaum ein Volk gegeben, das soviel Hunger, Durst und Kriegsnot ausstehen mußte«.

Bei der Siegesfeier, die Cortés seinen Soldaten nach gewonnener Schlacht gab, zeigte sich bei Essen und Trinken (Fressen und Saufen), wie die Spanier auch in Zukunft mit den Indios umzugehen gedachten, und wie wenig ihnen eigentlich an der Verbreitung des Christentums lag. Betrunken holten sie sich Indiomädchen zum Tanz und verprügelten deren Männer oder Väter. Alles was ihnen begehrenswert erschien, stahlen sie. Am liebsten aber prahlten sie von ihrem gewonnenen Gold, »... daß sie davon genug hätten, um auf goldenen Sätteln zu reiten, und die Schützen schworen, sie würden in Zukunft nur noch mit goldenen Pfeilspitzen schießen«. Trotzdem wollten sie aber immer mehr! Sie konnten sich nicht vorstellen, daß Cuauhtemoc keinen großen Goldschatz besäße. Unter Folter – die Spanier hatten ihn in einen brennenden Holzhaufen gestellt –

97

hatte Cuauhtemoc gestanden, daß er ein paar Gegenstände aus Gold im See hatte versenken lassen. Er zeigte ihnen die Stelle, und in der Tat holten die Taucher einige Geräte aus dem Wasser.

Wenig genug, um die verwöhnten spanischen Herzen zu erfreuen. Sie hatten geglaubt, daß sie einen Schatz fänden, der der Größe des vor einem Jahr gefundenen entsprochen hätte.

Das Ende

Viele Soldaten aus der einstmals so disziplinierten Armee des Cortés, vor allem aber viele Abenteurer, die nun in immer rascherer Folge von den Karibikinseln an der mexikanischen Küste landeten, machten sich in Gruppen auf den Weg, um selbst ihr Glück zu suchen. Bernal Diaz vermerkt, daß »die Mannschaften in Haufen von 15 bis 20 Mann durch das Land zogen, es plünderten, die Frauen vergewaltigten und sich benahmen, wie wenn sie in der Türkei (!) wären«.

Die Truppe mußte daher beschäftigt werden, und deswegen schickte sie Cortés im Dezember des Jahres 1523 nach Guatemala. Einige hundert Spanier, unterstützt von einer großen Menge Indios, zu denen sich auch die eben besiegten Azteken gesellten, wurden unter Führung seines alten Waffengefährten Pedro de Alvarado in diese Gegend geschickt, um, wie es heißt, den christlichen Glauben zu verbreiten. Die sich über Jahre hinaus ziehenden Kämpfe zwischen den einheimischen Indios und den Spaniern endeten mit einer großen Enttäuschung für die Spanier, denn Gold fanden sie in Guatemala keines, und die hier lebenden Indios wehrten sich noch jahrelang.

Obwohl fast alle Indiostämme besiegt waren, lebte Cortés immer in der Angst, daß Cuauhtemoc, der von ihm selbst wieder eingesetzte Herrscher der Azteken, einen Aufstand anzetteln könne. Das war auch der Grund, weshalb er ihn – verkrüppelt, wie er durch die Folter war – auf seinem Zug in das ferne Honduras mitnahm. Verrat aus eigenen Reihen war es dann, der Cuauhtemoc den Tod brachte. Einige seiner Hauptleute berichteten Cortés, daß Cuauhtemoc einen großangelegten Aufstand gegen alle Spanier plane. Cortés, ohnehin durch viele Kämpfe und Verluste nervös geworden, ließ ihn und seine treuesten Vasallen ohne große Verhandlung mitten im Urwald aufhängen. »Warum läßt du mich ohne Urteil und Recht umbringen? Hoffentlich wirst du dem Allmächtigen eines Tages auf diese Frage antworten können«, sollen Cuauhtemocs letzte Worte gewesen sein, der in seiner letzten Stunde doch noch Christ geworden war. Cuauhtemoc, der am 28. Februar 1525 starb, ist noch heute der große Held des mexikanischen Volkes.

Cortés starb am 2. Dezember 1547 in der Ortschaft Castilleja de la Cuesta bei Sevilla in Spanien.

Zeittafel

(Personen, Orte und Ereignisse, die bei der Eroberung Mexikos eine besondere Rolle gespielt haben.)

1485 Hernan Cortés wird in Medellín in der spanischen Provinz Estremadura geboren.

1486 Ahuizotl wird Herrscher der Azteken.

1503 Moctezuma II., Xocoyotzin, Neffe des Ahuizotl wird Herrscher der Azteken.

1504 Cortés kommt in Hispaniola (heute Haïti) an.

1512 Cortés Heirat mit Catalina Xuarez.

1517 Hernandez de Cordoba landet auf der Halbinsel Yucatan.

1518 Juan de Grijalva landet auf der Halbinsel Yucatan und an der Küste Mexikos.

1519 Cortés' Schiffe landen in Yucatan. Von den Totonaken in Tabasco erhält er als Geschenk 20 Frauen, darunter Malinche.
Cortés gründet Veracruz.
Cortés vernichtet seine eigenen Schiffe, um einigen Soldaten seiner Armee die Rückkehr nach Kuba zu unmöglich zu machen.
Cortés trifft im November in Tenochtitlán auf Moctezuma.

1520 Navaez landet im März mit einer starken Truppeneinheit in Veracruz. Er soll im Auftrage des Gouverneurs von Kuba, Velasquez, Cortés gefangennehmen und zurückbringen. Cortés kommt in Eilmärschen aus Tenochtitlán und besiegt Navaez. Fast alle Soldaten laufen zu Cortés über.
Während der Abwesenheit Cortés' kommt es in Tenochtitlán zu blutigen Auseinandersetzungen zwischen Spaniern und Indios.
Cortés ist im Juni bereits wieder in Tenochtitlán, wo er mitten in einen Aufstand der Indios hineinkommt. Moctezuma wird von seinen eigenen Leuten verwundet und stirbt.
Cuitlahuac wird Herrscher der Azteken.
Cortés flieht mit seinen Spaniern und Hilfstruppen in der Nacht vom 30. Juni zum 1. Juli aus Tenochtitlán (Noche triste).
Cuitlahuac stirbt an den von den Spaniern eingeschleppten Pocken.
Cuauhtemoc wird Herrscher der Azteken.
Cortés marschiert am 28. Dezember erneut nach Tenochtitlán.

1521 Am 13. August zieht Cortés als Sieger in die fast völlig zerstörte Stadt Tenochtitlán ein.

1524 Cortés begibt sich mit einer starken Armee auf dem Landweg von Tenochtitlán nach Yucatan, um die Truppen unter Olid, den er selbst dorthin geschickt hatte und der dort gegen ihn revoltierte, zur Rechenschaft zu ziehen. Cuauhtemoc muß ihn auf diesem Zug begleiten.

1525 Cuauhtemoc wird wegen des angeblichen Planes einer Verschwörung gegen Cortés zum Tode verurteilt. Der letzte Herrscher der Azteken wird an einer Astgabel in den Urwäldern Yucatans aufgehängt.

1547 Am 2. Dezember stirbt Cortés in der Ortschaft Castilleja de la Cuesta bei Sevilla in Spanien.

Der lange Weg zur Nation

Seit Cortés 1519 zum ersten Male mexikanischen Boden betrat, sind knapp 500 Jahre vergangen. Was hat sich in dem fast ausschließlich von Spaniern geprägten Land (lange Jahre durfte sich außer Spaniern und vielleicht Portugiesen niemand in Mexiko niederlassen) ereignet?

Gesetze, Verordnungen – Enttäuschungen

Vielfältig waren die Auflagen, die dem *Vizekönigreich Neuspanien*, denn das war nun der Name für das alte Mexiko, auferlegt wurden. Viele Dinge des täglichen Bedarfs durften gar nicht mehr hergestellt oder angebaut werden, damit das Mutterland seine Erzeugnisse dorthin verkaufen konnte.

Daß mit dem in Mexiko gefundenen Gold nicht der große Reichtum für Spanien eingetreten war, stellte sich bald heraus. Die paar Goldminen, die ihre Ausbeute schon zu Zeiten des Tlatoani bei diesem in Tenochtitlán abgeben mußten, waren bald erschöpft. Silber fand man dagegen in größeren Mengen. Die ausgiebigsten Minen hierfür befanden sich in der Gegend um Taxco im heutigen Bundesstaat Guerrero. Obwohl auch hier schon die Indios Silber förderten, vervollkommneten erst die Spanier das Abbauverfahren – natürlich nur mit Hilfe der Indios, die dabei zu Tausenden umkamen. Aber auch diese Art des Abbaus brachte wenig im Vergleich zu den Mengen, die der Franzose *Joseph de la Borda* im ersten Drittel des 18. Jh. aus den Bergen herausholte. Ansonsten gab es nicht allzuviele Metalle oder Bodenschätze in mexikanischer Erde. Dafür wuchs im Norden des Landes Baumwolle, was die Besitzer der großen Ländereien wohlhabend machte – natürlich wiederum nur mit Hilfe der billigen Arbeitskräfte, die von den Indios gestellt wurden. Es dauerte aber nicht lange, da bildete sich auch in Mexiko eine arme Schicht, die aus eingewanderten Spaniern bestand, denn längst nicht jeder von ihnen hatte das Zeug und vor allem die finanziellen Mittel, ein Landbesitzer zu werden, und längst bekam auch nicht jeder indianische Sklaven. Jeder, der Land haben wollte, mußte es erst von den Bevollmächtigten der spanischen Krone erwerben, ohne Rücksicht darauf, daß es sich ja eigentlich um die Heimat der Indios handelte. Irgendein von der spanischen Krone Bevorzugter fand sich immer, der eine Besitzurkunde vorweisen konnte, und dem man dann zu einem Wucherpreis Land abkaufen mußte, oder der es einem armen spanischen Bauern zu Wahnsinnsgebühren verpachtete. Nicht anders war es mit den notwendigen Geräten oder gar mit den Pferden oder Maultieren. Im Nu waren Händler an den Küsten gelandet, die alle so dringend benötigten Waren mitbrachten und die durch den Verkaufserlös in kürzester Zeit steinreich wurden.

Enttäuschung bei den vielen tausend Handwerkern, die aus den engen spanischen Städten auszogen, um in der Neuen Welt ihr Glück zu machen. Enttäuschung auch bei den vielen tausend Landarbeitern, denen in Spanien nichts gehörte, die froh waren, wenn sie dort bei den Großgrundbesitzern für einen Hungerlohn arbeiten durften. Sie alle verkauften alles, liehen Geld, um sich die teure Überfahrt leisten zu können – schafften es aber dann doch nicht oder nur ganz selten, sich an dem Reichtum in irgendeiner Weise zu beteiligen. Schon nach kurzer Zeit lebten die meisten von ihnen in gleicher Armut wie in Spanien.

Zur Wende des 17. Jh. gab es ungefähr 80 000 Spanier in Mexiko. Sie bildeten eine arme Zwischenschicht, denn von den etablierten Reichen wurden sie ausgenutzt – andererseits stellten sie sich aber noch lange nicht mit den Indios auf eine Stufe. Wieso auch? Es war ja noch gar nicht so lange her, daß von den katholischen Kirchenoberen die Feststellung getroffen wurde, daß es sich bei den Indios um Wesen mit einer Seele handelte (also, daß es Menschen waren).

Viva Mexiko!

Und dann vernahm man ganz andere Töne aus Europa. »Freiheit, Gleichheit, Brüderlichkeit« klang es von da herüber. Sagten da nicht einige der Neuankömmlinge, daß der spanische König gerade abgedankt hätte? *Das* mußte auch in Mexiko ausgenutzt werden, denn schon lange war man der spanischen Bevormundung überdrüssig. Und für die Besitzlosen wurde dieser Ruf umfunktioniert in »Tierra y Libertad« (Land und Freiheit)! Zu denen, die sich besonders dafür einsetzten, gehörte auch *Pater Hidalgo* aus Dolores. Zum Lachen, dachten die Spanier in Mexiko. Doch bald lachten sie nicht mehr, als ihnen Hidalgo nämlich von seiner Kanzel herab den Tod wünschte: »Tod den Gachupines« (Schimpfwort für die »echten« Spanier in Mexiko) und sich diesem Ruf, der später als der *Grito de Dolores* in die mexikanische Geschichte einging, Hunderte, ja, Tausende anschlossen. Doch es kam, wie es kommen mußte. Die unausgebildeten Haufen des Paters rannten in ihr Verderben. Die Königstreuen siegten, der Pater wurde gefangen und am 30. Juli 1811 in Chihuahua hingerichtet. Erst 12 Jahre später, am 27. September 1823 konnten sich die Revolutionäre von Spanien lossagen. Erst von da an hieß dieses Land wieder nach seinen früheren Bewohnern Mexiko. Den Namen Neuspanien gab es nunmehr nur noch für Historiker.

Tradition bis heute: der »Grito de Dolores«

Ein Mann mit dem beziehungsreichen Namen *Guadalupe Victoria* wird erster Präsident. Die letzten Spanier verlassen 1825 Mexiko von demselben Hafen, der vor etwas mehr als dreihundert Jahren von Cortés gegründet wurde: sie fahren von Veracruz ab. – Nun endlich war Mexiko frei, nun konnten endlich die Träume aller in Erfüllung gehen. Nur, es blieb wie es war. Die Oberhoheit der spanischen Krone war zwar abgeschafft, aber das war auch alles. Die Landbesitzer blieben die Landbesitzer, die Generale blieben die Generale, die Armen blieben die Armen. Nur eins hatte man übernommen, und das wird noch bis heute fortgesetzt: Der Ruf des weißhaarigen kreolischen Geistlichen Hidalgo, der »Grito de Dolores«, wird Jahr für Jahr von den heutigen Kaziken, den Bürgermeistern, vom Balkon ihrer jeweiligen Ayuntamentos (Rathäuser) am 15. September nachgerufen: »Viva Mexiko«, »Viva la Virgin de Guadalupe«. Und alljährlich warten Neugierige auf diesen Moment. Vielleicht rufen einige noch »Viva el Presidente«, wenn sie zu den Leuten gehören, die auf dem Zocalo, dem Hauptplatz der Hauptstadt, auf den Präsidenten warten, bis der vom Balkon des Regierungspalastes ebenfalls diese Worte ausruft.

Auf der Suche nach dem richtigen Weg

Immerhin, man hatte 1823 eine Republik geschaffen, nachdem es vorher auch andere Bemühungen gegeben hatte, es mit alten europäischen Systemen zu versuchen. Beispielsweise ließ sich im Jahre 1822 der – kreolische – Heerführer *Agustin de Iturbe* von seinen Soldaten gar zum Kaiser (Agustin I.) ausrufen. Sollte dieser Mann etwa die römischen Legionsführer als Beispiel vor Augen gehabt haben?

Und noch etwas sehr Wichtiges sollte festgehalten werden: Die Mönche der verschiedenen Orden, einst ausgezogen, um das wahre Wort Gottes unter den Götzendienern zu verbreiten, hatten es im Laufe der dreihundertjährigen »spanischen« Geschichte Mexikos fertiggebracht, der Kirche Stück für Stück wertvollen Landes zu übereignen. Sie galt um diese Zeit als der größte Grundbesitzer Mexikos, womit die Stellung, die sie künftig bei den Freiheitsbestrebungen der Mexikaner spielen sollte, schon festgelegt war.

Und noch eine »Persönlichkeit« brachten die ersten Jahre der Republik hervor: Der Mann hieß *Antonio Lopez de Santa Ana* und war von Beruf General. Seit 1833 regierte er das Land als Präsident. Wie es seinem Beruf zukam, hatte er natürlich die größte Freude am Krieg. Er zieht gegen den ungeliebten Nachbarn im Norden zu Felde – und verliert dabei weite Teile mexikanischen

Landes, nämlich die heutigen Staaten Texas, New Mexiko, Arizona und Kalifornien. Mehr noch, die Amerikaner kommen sogar bis Mexico City, wo es dann beim Kampf um die Kadettenanstalt im Chapultepec-Schloß zu dem Selbstmord jener sechs Kadetten kommt, die sich, in mexikanische Fahnen eingehüllt, vom Felsen stürzen, um nicht in die Gefangenschaft der Yankees zu geraten. In vielen Städten Mexikos, besonders aber in der Hauptstadt, stehen die Denkmäler dieser *Niños Hereos*, die an das Heldentum der sechs erinnern sollen. Man muß sich fragen, welche Gefühle die jungen mexikanischen Kadetten haben, die heute in den Militärschulen der Vereinigten Staaten aus-

gebildet werden. Man trifft sie besonders zu den Feiertagen auf dem »Umsteigeflughafen« Houston/Texas, wenn sie in ihren Uniformen mit vielen schon in der Ausbildungzeit erworbenen Orden für ein paar Tage nach Mexiko zurückfahren. Wird der Mut der Kinderhelden aus dem Jahre 1847 überhaupt noch erwähnt.?

Mit nur kurzen Unterbrechungen blieb Santa Ana 22 – blutige – Jahre lang Präsident. Und auch nachdem durch seine »Führung« große Teile Nordmexikos verlorengegangen waren, auch nachdem der Staat in höchstem Maße verschuldet war, ließ er sich nur mit Waffengewalt von seinem Präsidentenposten vertreiben.

Reformen über Reformen

Im Jahre 1855 hieß der siegreiche Neue *Juan Alvarez*, dessen größtes Verdienst in seiner zweijährigen Amtszeit die Vertreibung jenes Santa Ana war. Und wie es häufig in der Geschichte ist, formen sich in Zeiten größter Not in einem Staat bedeutende Persönlichkeiten. Der Mann der Stunde in Mexiko war ein Indio namens *Benito Juárez*, der im Jahre 1861 zum Präsidenten gewählt wurde. Juárez war schon von seinem Vorgänger Comonfort, unter dessen Präsidentschaft er Justizminister war, mit der Ausarbeitung einer Verfassung beauftragt worden, als deren markanteste Punkte endlich die Trennung von Staat und Kirche, und, was vielleicht noch gravierender ist, die Enteignung des Kirchenbesitzes anzusehen sind.

Damit war die Zündschnur für die folgenden blutigen Bürgerkriege gelegt. Die Kirche, selbst ohne Militär, aber mit kräftigen finanziellen Mitteln versehen, die Landbesitzer, die - meist - »echt« weißen Bergwerksbesitzer, die Anhänger der spanischen Krone, kurz alle, die man auch heute noch als Konservative bezeichnet, taten sich zusammen, um gegen die anderen, die als die Liberalen oder Republikaner bezeichnet wurden, einen jahrelangen Bürgerkrieg um die Vorherrschaft im Lande zu führen. Dieser Wahnsinn wird erst 1860 beendet. Übrigens hieß die Stadt, von der aus Juárez mit seinen Liberalen siegte, Veracruz, die Cortés-Stadt, die inzwischen zum größten Hafen Mexikos geworden war. Als Juárez endlich 1861 wieder von der Hauptstadt aus regieren wollte, sah er sich außerstande, die während des Bürgerkrieges gemachten Auslandsschulden zurückzuzahlen. Und da die Staaten damals nicht so friedlich waren wie heute, und da Begriffe wie Umschuldung oder gar Schuldenerlaß noch unbekannt waren, griff man zu militärischen Mitteln.

Die Franzosen, neben England und Spanien Hauptgeldgeber, starteten eine Invasion ins ferne Mexiko – und mit Hilfe der Konservativen wurden die Liberalen besiegt. Juárez, gerade dabei, sein Reformwerk in die Tat umzusetzen, mußte fliehen.

Die Europäer ernennen einen Kaiser für Mexiko

Mit Zustimmung Österreichs setzten die Franzosen den Bruder des österreichischen Kaisers Franz Joseph I., den *Erzherzog Ferdinand*, als *Kaiser Maximilian I.* (Kaiser Max) in Mexiko ein (1862). Seine Residenz wird das Schloß Chapultepec, in dem noch heute die Dinge französischer Kultur und Lebensart zu sehen sind. Die »Reforma« in Mexiko City, die auf seine Initiative angelegt wurde, zählt auch noch im 20. Jh. zu den Prachtstraßen dieser Welt. In seiner kurzen Regierungszeit wurden einige durchaus als liberal zu bezeichnende Gesetze erlassen (beispielsweise das Verbot der Kinderarbeit). Auf starken Druck der Amerikaner sollten sich die Franzosen dann wieder nach Europa zurückziehen. Maximilian denkt nicht daran, er verläßt die Hauptstadt und läßt sich in Querétaro nieder, einem Ort, der knapp 200 Kilometer nördlich von Mexiko City liegt. Im Norden Mexikos aber hatte Juárez, der gewählte Präsident des Landes, Truppen um sich gesammelt, die Maximilian hier in Querétaro, am 15. Juni 1867, gefangennehmen. Bereits vier Tage später, am 19. Juni, wird er zusammen mit einigen Getreuen erschossen. Der Legende nach soll er noch »Viva

Mexico« ausgerufen haben, bevor ihn die Kugeln trafen. Die Goldunzen, die er noch jedem aus dem Erschießungskommando gab, und womit er die Bitte verband, gut zu zielen, verfehlten ihre Wirkung, denn der von fünf Kugeln getroffene Körper zuckte noch, und erst ein direkt auf sein Herz gerichteter Schuß brachte den endgültigen Tod für den bereits am Boden Liegenden. Aus dem berühmten Gemälde von Manet »Die Hinrichtung Kaiser Maximilians« ist nicht ersichtlich, daß es sich bei dem Toten um einen jungen Mann von 35 Jahren handelte. Ein zeitgenössisches Photo zeigt ohnehin eine ganz »normale Hinrichtung«. Sein Leichnam, auf dem gleichen Schiff zurückgebracht, auf dem er ein paar Jahre zuvor nach Mexiko gekommen war, wurde in der Kapuzinergruft in Wien bestattet. Juárez ist wieder Präsident und bleibt es bis zu seinem Tode im Jahre 1872.

So glanzvoll der eine, so nichtssagend der andere. Oder besser gesagt: die vierjährige Amtszeit seines, Juárez', Nachfolgers *Sebastian Lerdo de Tejada* diente der Konsolidierung des Landes. Und das muß ja nicht in jedem Fall als nichtssagende Regierung hingestellt werden.

Veracruz

Das Denkmal des Benito Garcia Juarez, dem noch immer verehrten Präsidenten aus der Anfangszeit Mexikos, dem Präsidenten mit dem indianischen Stammbaum, ist sicher nicht das charakteristischste Bild des vielgesichtigen Veracruz. Es steht gegenüber der ehemaligen Hafenfestung, in der Juarez einige Zeit als Gefangener zubringen mußte. Im Hafen liegen Schiffe verschiedener Gattungen. Kriegsschiffe, deren Besatzungen in Kompaniestärke auf der Uferpromenade entlang joggen. Oder aber Ausflugs- und Fischerboote, deren Besatzungen derartige zusätzliche Betätigung nicht benötigen, weil ihre tägliche Arbeit anstrengend genug ist. Die Fischer und Hafenkapitäne verbringen ihre Freizeit in einem der vielen Restaurants am nahen Zocalo, wo sie sich von Marimbagruppen unterhalten lassen. Die Stadt hat Geschichte besonderer Art, denn von hier nahm die Eroberung Mexikos durch die Spanier ihren traurigen Anfang. Nicht weit von dieser Stelle landete am Karfreitag, dem 21. April 1519, Cortés. Bevor er weiter in das Innere des Landes zog, gründete er hier die erste spanische Stadt auf mexikanischem Boden und nannte sie *La Villa Rica de la Vera Cruz* (Die reiche Stadt des wirklichen Kreuzes).
In der Ortschaft *La Antigua*, rund 25 km von Veracruz entfernt, kann noch heute die erste (?) christliche Kirche auf mexikanischem Boden besichtigt werden.

El Tajin

Lange bevor sich die Azteken die Stämme, die in der Gegend des heutigen Veracruz lebten, tributpflichtig machten, war die von Tajin ausgehende Kultur vergangen. Lange auch bevor

die *Totonaken* die Stadt zu hoher Blüte führten, war der Ort bewohnt, und an verschiedenen Bauwerken sind deutliche Einflüsse der Olmeken und Teotihuacáns zu erkennen. Besonders fällt dem Besucher die Bauweise der Pyramiden auf, weil die Ausschmückung ihrer Fassaden in dieser Form in anderen archäologischen Zonen des Landes unbekannt ist. An der sog. *Nischenpyramide* (s. o.), so benannt nach den 364 Nischen, die sich rund um die siebenstufige Pyramide befinden, ist diese Besonderheit klar zu erkennen. Wiederum hängt diese Zahl mit den Tagen eines Jahres zusammen, denn zuzüg-

lich des jetzt nicht mehr vorhandenen Tempels auf der Pyramidenspitze sind es 365 Tage. Man muß sich fragen, warum sich in der archäologischen Zone allein sieben Ballspielplätze befinden! Freude am Sport allein kann es nicht gewesen sein, wie die Darstellungen auf den Reliefplatten der die Spielplätze begrenzenden Wände zeigen. Bei der Betrachtung der oberen Reliefplatte kam der Autor gar auf den Gedanken, daß das Ballspiel vielleicht eine Art Stellvertreterkrieg war, wenn sich vor Beginn der Schlacht (des Spiels) die »Anführer« erst mit Worten gegenseitig beschimpften. Das rechte

Bild zeigt auf brutale Weise die Opferung zumindest eines Spielers aus der Verliererpartei. Unbekannt ist, ob die gesamte Verlierermannschaft oder nur der Spielführer geopfert wurde. – Einer alten Tradition folgend, führen die Nachkommen der Totonaken gelegentlich ein lebensgefährliches Kunststück vor, indem sie sich mit einem Seil an den Füßen kopfüber von der winzigen Plattform eines ca. 30 m langen Pfahls herunterfallen lassen und, sich um den Pfahl drehend, langsam in die Tiefe schweben. Ein auf der Plattform Verbleibender spielt währenddessen auf einer Rohrflöte.

107

Villahermosa

Vicente Guerrero (rechts), einer der maßgeblichen Führer im mexikanischen Unabhängigkeitskrieg, bewacht die Stadt Villahermosa von seinem Denkmalssockel aus. Durch seine Umsicht siegte die mexikanische Rebellenarmee über die spanischen Truppen, und aus dem Vizekönigreich Neuspanien wurde Mexiko. – Villahermosa ist eine Stadt des Ölbooms der 70er Jahre geworden, mit einem modernen, sauberen Stadtkern und – nur wenige Meter weiter weg – mit schlecht gepflasterten Straßen und heruntergekommenen Häusern. Perle der Stadt ist das erst 1980 fertig gewordene *Museum von Tabasco* mit vielen interessanten Stücken aus der Olmeken- und der Mayazeit. Kenner sind sogar der Meinung, daß der Museumsbesuch – sollte es an Zeit mangeln – wichtiger ist als der Besuch des Freilichtmuseums im La Venta-Park.

La Venta

Am Stadtrand von Villahermosa liegt in einer künstlich geschaffenen, urwaldartigen Grünanlage das Freilichtmuseum von La Venta, in dem eine kleine Anzahl der inzwischen an die 280 gefundenen Monumentalskulpturen aufgestellt ist. Es handelt sich um Arbeiten der *Olmeken*, die nach Meinung fast aller Mittelamerikaforscher das erste Kulturvolk in diesem Raum waren. Michael D. Coe, einer der bedeutendsten Wissenschaftler, der sich seit Jahrzehnten mit den verschiedenen Indiokulturen befaßt, meint sogar, daß *alle* Kulturen Mexikos auf die Olmeken zurückzuführen seien. Die frühesten Funde wurden schon 1000 v. Z. geschaffen, und es ist nach einer solchen Zeit nicht mehr in Erfahrung zu bringen, was für Menschen diese für die Golfregion Mexikos fremden Gesichtszüge auf den Steinskulpturen schufen. Noch dazu mußten die bis zu 60 t schweren Steinblöcke über 150 km transportiert werden, um an die jetzigen Fundstellen zu gelangen. Der weitgereiste »rasende Reporter« *Egon Erwin Kisch* resümiert zum Thema Olmeken wie folgt: »... über sie (die Olmeken) wissen wir, daß sie vom Gummiland an der Küste des Golfs kamen, daß sie sich tätowierten, ihren Schädel kahl schoren, die Zähne feilten und schwärzten, Nasenringe trugen, die Knaben beschnitten, die Gesichtshaut des getöteten Feindes über die eigene spannten, Sünden beichteten, Ball spielten ...; nur eine einzige Frage, die die Olmeken betrifft, ist bisher umstritten, die Frage nämlich: Haben die Olmeken überhaupt existiert?« Tragen die dargestellten Gesichter nicht auch tierische Züge, etwa die des damals verehrten Jaguars?

Monte Albán

Im Jahre 1932 gab es eine Sensation, als der mit den Ausgrabungen von Monte Albán betraute Mexikaner Alonso Caso (rechts) nach fast 25jähriger Grabungsarbeit auf den größten Schatz stieß, der je in Mexiko gefunden wurde. Ungefähr 500 Stücke verschiedenster Art aus Jade, Alabaster und Gold, Ketten aus Muscheln oder Knochen sind heute im Museum in Oaxaca neben der Kathedrale (oben) aufbewahrt. Alle Stücke sind aus der Zeit, als die *Mixteken*, die eigentlichen Erbauer Monte Albáns, die *Zapoteken*, entweder überlagert oder aber vertrieben hatten. Niemand hatte Cortés den Berg mit seinen Schätzen verraten – vielleicht auch deshalb, weil die Indios selbst von der alten Tempelstätte nichts mehr wußten. Um das Tempelgelände von Monte Albán errichten zu können, mußten die Zapoteken erst einen ganzen Berg abtragen und eine große Plattform anlegen, auf der die benötigten Tempel errichtet werden konnten. Die in der Mitte dieser Plattform stehenden Gebäude sind teilweise wieder in einen guten Zustand gebracht worden (rechts oben). Auch der seitlich stehende Tempel mit seinem breiten Treppenaufgang (oben) und den Säulenstümpfen zeigt hervorragend gelungene Restaurierungsarbeiten. Leider sind von den Säulen nur die Basen erhalten geblieben, so daß keine Klarheit darüber besteht, welchem Zweck sie dienten. In einer Ecke des Platzes stehen einige mit Reliefs versehene Platten, die in Bewegung befindliche Menschen mit verrenkten Gliedmaßen zeigen, die sog. *Danzantes*.

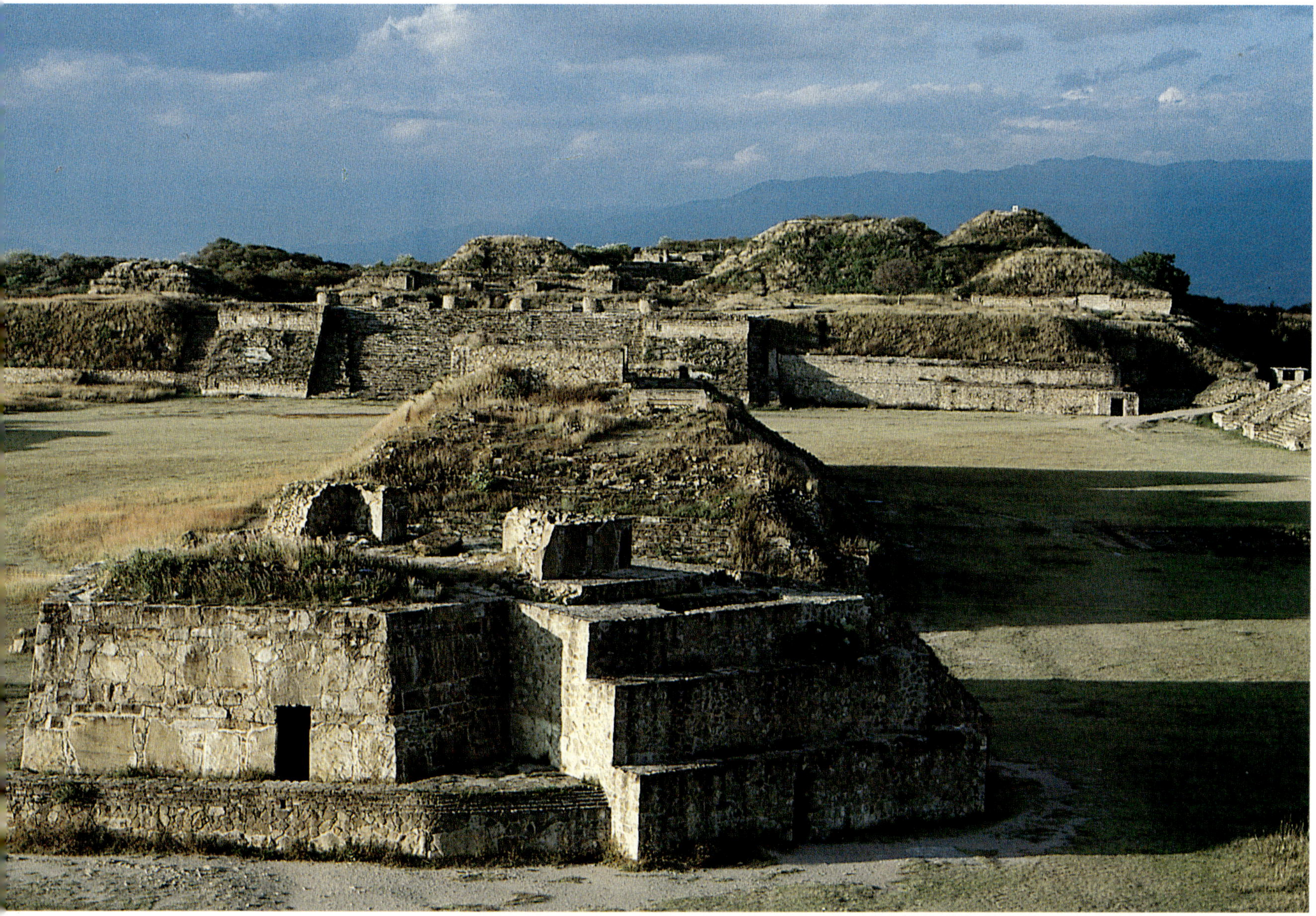

ALFONSO CASO
DESCUBRIDOR
DE
MONTE ALBAN

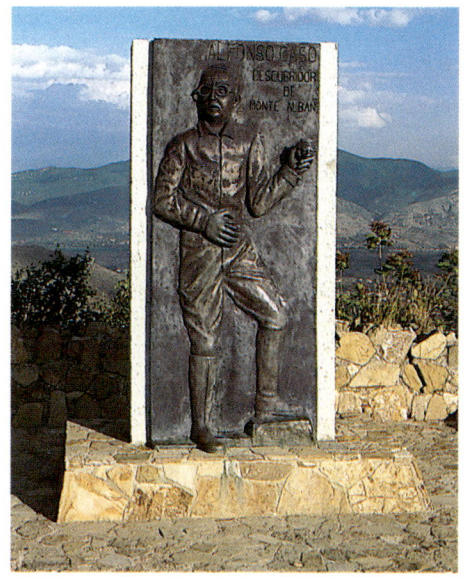

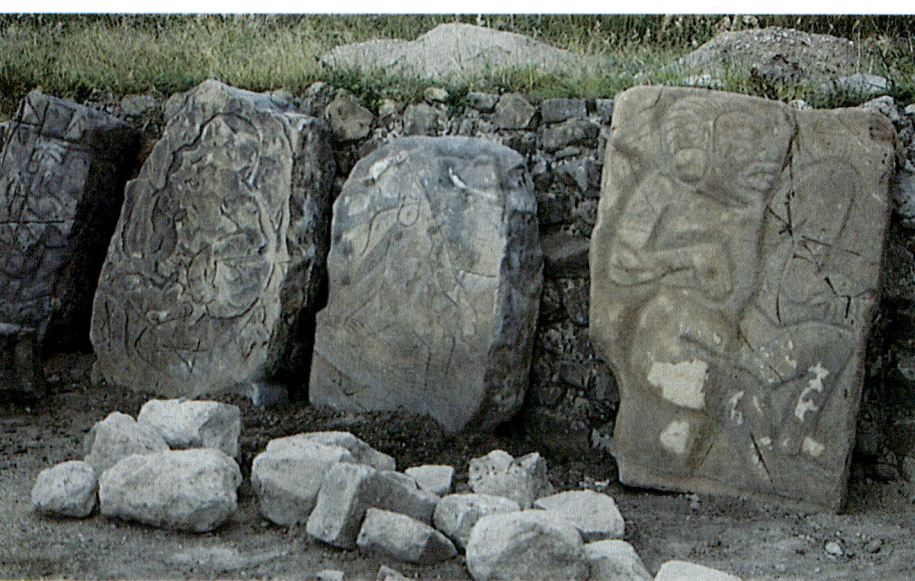

Mitla

Häufig wiederholt sich die Geschichte bei den präkolumbianischen Städten Mexikos. In diesem Fall wiederholt sich, nur zeitversetzt, die Geschichte Monte Albáns in Mitla. Wie dort bewohnten zuerst die Zapoteken den Ort, machten ihn zu einem führenden Zentrum – und wurden dann von den Mixteken überlagert oder vertrieben. Sogar die von den Zapoteken für ihre Herrscher als letzte Ruhestätte gebauten Grabkammern wurden von den

Mixteken für deren Herrscher fast vorbehaltlos übernommen. Allerdings haben die Mixteken ihre Herrscher mit kostbareren Beigaben beerdigt. Mitla soll schon in der Übersetzung soviel wie »Totenstadt« heißen, und die vielen Grabkammern sprechen dafür, daß dieser Name gerechtfertigt war. Wenn es andererseits aber heißt, daß die Stadt im 10. Jh. auch ein politisches Zentrum für die gesamte Gegend war, spricht das wiederum dagegen.

Von den Bauwerken ist der sog. Säulentempel oder -palast das wichtigste (rechts). Der Vorraum zum eigentlichen Palast hat außer den so häufig angesprochenen 6 Säulen weiter nichts aufzuweisen. Erst wenn man durch den niedrigen steinernen Einlaß in die dachlose Halle eintritt, kann eine Vielzahl von geometrischen Mustern an den Wänden bewundert werden (rechts oben). Ein anderer Tempel ist nur noch an vereinzelten Fundamenten zu erkennen, weil er von den Spaniern abgerissen und durch eine Kirche ersetzt wurde (links oben). – Der Maschendraht des gezäunten Grabungsgeländes dient in diesem Fall der zapotekisch-mixtekisch-spanischen Nachfahrin dieses Ortes als Verkaufsstand (links).

113

San Cristobal de las Casas

Der spanische Ritter Diego de Mazariego (rechts oben) gründete 1528 mitten im heutigen Staat Chiapas die Stadt San Cristobal de las Casas (so benannt nach dem einstigen Bischof von Chiapas, Bartolomé de las Casas, der uner-

schrocken gegen die immer mehr zunehmende Versklavung der Indios durch seine spanischen Landsleute eintrat). Der tägliche Markt in der Stadt geht auf eine alte Verordnung zurück, nach der es den Indios verboten wurde, in ihren eigenen Dörfern Markt abzuhalten, um sie hier besser unter Kontrolle zu haben. Dieses Verbot gilt heute natürlich nicht mehr, die täglichen Markttage in San Cristobal aber sind geblieben. In der Stadt geben hauptsächlich Mestizen den Ton an, was auch auf dem Markt zu bemerken ist, denn hier besitzen *sie* die festen Stände mit den Sonnendächern oder die Läden um den Zocalo, während die Indios mit ihren sorgfältig aufgebauten Waren meist auf dem Erdboden hokken (links oben). Aber hauptsächlich Indios besuchen den Markt! Hierher kommen sie aus den Dörfern der Umgebung, um einzukaufen, zu verkaufen oder zu tauschen. Geprägt wird das Marktleben von den Frauen, wenn sie mit ihrem Jüngsten, das so scheinbar achtlos auf dem Rücken getragen wird, von Stand zu Stand gehen, oder wenn sie, mit einem gefalteten Tuch auf dem Kopf, dessen Farbe verrät, aus welchem Dorf sie kommen, begleitet von ihren Kindern durch die Marktstraßen gehen – und dabei aus den Augenwinkeln Angebote und Preise vergleichen (linke Seite).

115

San Juan Chamula

Zweierlei kann ganz leicht aus dem Namen dieses ungefähr 10 km von San Cristobal entfernten Ortes herausgelesen werden: Zum einen, daß er von Chamulen, einem Mayastamm, bewohnt wird, zum anderen, daß er dem Heiligen Johannes (Juan) gewidmet ist. San Juan Chamula wird von seinen indianischen Bewohnern selbst

verwaltet. Die Stadtväter versammeln sich an bestimmten Tagen, meistens sonntags, am Rande des Hauptplatzes, um sich die Sorgen der sie besuchenden Bürger anzuhören. Geschmückte Hüte und verzierte »Amtsstäbe« verleihen ihnen die entsprechende Würde (links unten).

Das Innere der Kirche (Photographieren verboten!) ist vollkommen ohne Bestuhlung. Auf dem mit Fichtennadeln ausgelegten Boden hocken oder knien Indios vor mitgebrachten Kerzen oder vor den auf Wandregalen stehenden Heiligenfiguren, mit denen sie Zwiesprache zu halten scheinen.

Eine Besonderheit des Ortes sind die mit geschulterten Knüppeln bewaffneten »Polizisten«. Als Erkennungsmerkmal tragen sie weiße Ponchos. Sie machen jeweils für einen kurzen Zeitraum ehrenamtlichen Dienst, während in der Zwischenzeit ihre Nachbarn deren Feldarbeit übernehmen. Für diese schon historisch begründete kommunale Selbstverwaltung kämpften die Bauernsoldaten Zapatas während der mexikanischen Revolution.

Zinacantan

Es heißt, daß »Unser zorniger Herr, der in den Himmel schießt«, also Moctezuma I., während seiner Regierungszeit (1440–1468) diesen Ort als Garnisonsstadt gründen ließ. Orte dieser Art, sog. Außenposten oder Wehrdörfer, gab es häufig im Aztekenreich zur Unterstützung der Bauern oder der aztekischen Beamten, die von den tributpflichtigen Dörfern die fälligen Abgaben eintreiben sollten.

Zwar ist die Sprache der Zinacantécos, wie man diese Leute nennt, das in dieser Gegend gesprochene *Tzetzil*, ansonsten sollen sie aber noch heute das Gehabe »besserer« Menschen, für die sich die Azteken hielten, haben. In Zinacantan ist für Fremde Photographierverbot, so daß es Schwierigkeiten machte, wenigstens die Ball spielenden Kinder in der typischen Kleidung des Ortes, den roten Ponchos, abzulichten. Die Frauen und Mädchen Zinacantans legen sich gern einen hellblauen Schal um.

117

Palenque

Der Mayaort Palenque liegt im Staat Chiapas. Experten behaupten, daß er der schönste Ort sei, der von den Mayas geschaffen wurde. Die Ruinenstadt Palenque ist von Urwald umgeben, und viele Gärtner sind fortwährend damit beschäftigt, die nachwachsenden Pflanzen vom archäologischen Gelände fernzuhalten.

Nach den entzifferten Datenglyphen war der Ort vom 6. bis zum 8. Jh. bewohnt. Geteilter Meinung kann man darüber sein, ob nun der *Inschriftentempel* (oben) oder der *Palast* (rechte Seite) mit seinen vielen in den Innenhöfen stehenden Reliefs das wichtigste Bauwerk des Ortes ist. Der Inschriftentempel hat erst in den 50er Jahren dieses Jahrhunderts Berühmtheit erlangt, als der mexikanische Archäologe Alberto Ruz dort eine bisher nicht entdeckte Grabkammer fand, in der sich als Grabbeigabe u. a. viele Jadestücke fanden. Man nimmt an, daß der Tote ein »mächtiger« Priesterkönig war. Seine kostbare Jademaske gehörte zu den Prunkstücken des Anthropologischen Museums in Mexiko City, bis sie – neben vielen anderen präkolumbianischen Kostbarkeiten – in der Nacht vom 24. auf den 25. Dezember 1985 gestohlen wurde. Die Wächter, heißt es, feierten gerade Weihnachten. Nebenbei sei erwähnt, daß Jade bei Mayas und Azteken weit höher im Kurs stand als Gold! Sicherlich ist die 10 m lange und 7 m hohe Grabkammer, die im übrigen 27 m unter dem Tempel lag, schon zu Lebzeiten des Königs gebaut worden, so daß die gesamte Pyramide als Grabmonument gelten kann. Den Namen erhielt die Pyramide von den über 600 Mayaglyphen, die man, auf Platten geschrieben, im Tem-

pel fand. Übrigens ist gerade in letzter Zeit um die richtige Deutung der Glyphen des Inschriftentempels unter den Forschern ein heftiger Streit entbrannt. In den verschiedenen Innenhöfen des Palastes stehen zahlreiche Reliefplatten mit Menschendarstellungen. Immerhin hat dieses Gebäude eine Ausdehnung von ca. 100 x 80 m, wobei der fast im Zentrum stehende Turmaufbau am auffälligsten ist. Man wird leider nie erfahren, ob es sich um einen Wachturm oder um ein Observatorium gehandelt hat, denn Sternbeobachtung oder -deutung stand in den Mayaorten auf hohem Niveau.

119

PRI (Partido Revolucionario Institucional)

Irgendwie hat man sich bald an die auf grün-weiß-rotem Grund geschriebenen »magischen« Zeichen PRI gewöhnt und nimmt sie nicht mehr wahr. Sie stehen einfach überall, ob wie hier, auf den die Straße begrenzenden Bäumen in Patzcuaro, ob am Golf von Californien, in Los Mochis (rechte Seite oben) oder in Creel, dem kleinen Ort an der Eisenbahnstrecke von Chihuahua zum Golf. Hier wagt sogar eine andere, eine Oppositionspartei, *ihre* Zeichen zu setzen: die PSUM (Partido Socialista Unitario de Mexico, was soviel wie Vereinte Sozialisten Mexikos heißt). Die Partei, die seit ihrer Gründung 1929 (damals noch unter anderem Namen) das politische Leben in Mexiko bestimmt, ist die PRI (*Partido Revolucionario Institucional* = Partei der immerwährenden Revolution). Wie auch immer man diese Partei sehen mag, seit aus ihr die mexikanischen Präsidenten hervorgehen, ist Ruhe im Lande, werden Kandidaten oder Präsidenten nicht mehr von »pistoleros« der Gegenseite umge-

bracht. Die Mexikaner haben eben aus ihrer Geschichte gelernt. Wichtigster Punkt im Parteiprogramm ist, daß kein Präsident länger als 6 Jahre im Amt bleiben darf. Seit 1982 war Miguel de la Madrid Hurtado Präsident, in dessen Amtszeit das schwere Erdbeben von 1985 fiel, ein Ereignis, das nicht gerade dazu angetan war, sich für die Zukunft ein Denkmal zu setzen. Im Sechs-Jahres-Rhythmus findet in Mexiko eine Wahl statt, die durchaus als demokratisch zu bezeichnen ist, denn außer der PRI nehmen noch andere – bisher zwar chancenlose – Parteien verschiedenster politischer Ausrichtungen an der Wahl teil. Der neue Präsident wird jeweils vom gerade amtierenden ernannt, und das in einem Verfahren, das man *dedozo* nennt, d. h., daß am Tag der Ernennung auf einen der versammelten Kandidaten, die sich noch Chancen auf das Amt des Präsidenten ausrechnen, mit dem Finger, dem *dedo*, gezeigt wird. Dieser ist dann der neue Präsident. Kaum im Amt, wechselt er die Parteigänger des einen gegen die eigenen aus, und schon steht, vereinfacht gesagt, die neue Regierung. Die Partei bringt es bis zu einem gewissen Grade fertig, verschiedene, bis dahin gar in Opposition stehende Gruppierungen in sich aufzunehmen. Sie meint, daß sie so am besten zur ständigen eigenen Erneuerung beiträgt. Auf diese Art war es für andere Parteien bisher nahezu unmöglich, jemals den Präsidenten zu stellen. Allerdings haben trotz dieser Vorsichtsmaßnahme die letzten Wahlergebnisse gezeigt, daß der Anteil der für die PRI abgegebenen Stimmen niedriger war als je zuvor.

121

Labná

Wenn man vom Torbogen in Kabah (s. d.) auf der alten Mayastraße weitergeht, stößt man bald auf einen anderen, viel prunkvolleren, den von Labná. Einige Mayaforscher sind Vertreter des Gedankens, daß die beiden Torbögen Anfang und Ende einer Prozessionsstraße waren. Allerdings ist die Westfassade des Bogens in Labná viel reicher ausgeschmückt als der im Gegensatz dazu einfach wirkende Bogen von Kabah. Nach den typischen Merkmalen des Puuc-Stils (unten glatt, oben verziert) erkennt man links und rechts vom Torbogen Mayahausformen, wie

sie sich ähnlich auch in den Fassaden des Nonnenklosters in Uxmal befinden und wie sie auch in den heutigen von Mayas bewohnten Dörfern gebaut werden (s. a. Kantunil).

Vom sog. *Palastgebäude* ist leider nur der untere Teil einigermaßen erhalten geblieben, der wie alle diese Gebäude schmucklos gehalten ist (rechtes Bild). Schon von weitem ist das auf einem Hügel stehende Gebäude *el mirador* zu sehen, das wiederum Ähnlichkeit mit einem Gebäude in Palenque (s. dort) hat. Besonders eigenartig ist hier der kammartige Aufbau, der auf diesem Gebäude 6 Zinken trägt. Die Funktion dieser Zinken – sollte es je eine gegeben haben – ist bis heute unklar.

Merida

Merida spielte schon immer eine wichtige Rolle für die Halbinsel Yucatán, deren Hauptstadt (ca. 500 000 Einwohner) sie ist. Die Stadt wurde 1542/43 hauptsächlich als Ausgangspunkt für die Eroberung Yucatáns gegründet und war gleichzeitig befestigter Schutz gegen verschiedene Mayaaufstände. – Seit dem Ende des 19. Jh. erlebte Merida einen ungeheuren wirtschaftlichen Aufschwung durch die Sisalagave (so genannt nach dem Hafen Sisal), aus deren Blättern der Sisalhanf gewonnen wird. Die reichen Plantagenbesitzer, auf deren Feldern abertausende Pflanzen wuchsen, wohnten in der Stadt und wurden auf Kosten rechtloser indianischer Landarbeiter steinreich, was man den Villen in den Vororten, den weiten Plätzen und vielen Gebäuden in der Stadt heute noch ansieht. Hervorzuheben sind zwei Gebäude am Hauptplatz (Zocalo): das Rathaus (links) mit seinem Uhrenturm und der Gouverneurspalast, in dessen Innenhof sich riesige Wandgemälde (murales) befinden, von denen eins, das einen unter riesigen Hanflasten keuchenden Indio zeigt, der von in Smokings gekleideten, feisten Monokelherren verhöhnt wird, am eindrucksvollsten ist. Man erfährt, daß frisch gepflanzte Agaven 7 Jahre benötigen, bis ihre Blätter abgeschlagen, geschält und zu Stricken, Tauen, Hängematten usw. verarbeitet werden können. Es dürfen jedoch immer nur zwei Blätter am gleichen Tag abgeschlagen werden, während die anderen erst nach und nach entfernt werden, weil sonst die Pflanze eingehen würde.

Naturhanf war schon den Mayas bekannt: Sie transportierten mit Hilfe dieses kräftigen Materials die Quader, die sie zum Bau ihrer Tempel benötigten.

Das Porfiriato

Der Mann danach hieß *Porfirio Díaz*, und der war das ganze Gegenteil von seinem Vorgänger, den er zunächst mit einer Art Staatsstreich aus dem Verkehr zog. Daß er sich dann aber über 30 Jahre (bis 1911) an der Regierungsspitze halten würde, daran hatte damals, 1876, niemand gedacht. Díaz wurde in Oaxaca geboren und studierte dort auch die Rechte, fand aber diesen Beruf viel zu nichtssagend und ging zum Militär. Er wurde General der Artillerie und war über lange Jahre treuer Kampfgefährte von Juárez. Mit der Gewißheit, es besser als dieser zu machen, stellte er sich eines schönen Tages gegen ihn zur Wahl – und verlor. Er stellte sich auch gegen dessen Nachfolger zur Wahl – und verlor. Dann putschte er und blieb bis auf die Kleinigkeit von vier Jahren ununterbrochen, bis 1911, Präsident. Allerdings hatte er sich in dieser Funktion auch bald gewandelt. Während er einst gemäß den Vorstellungen seines indianischen Präsidenten Juárez gegen Kirche und Großgrundbesitz gekämpft hatte, stand er jetzt auf deren Seite. Allerdings muß eingestanden werden, daß Mexiko von diesem Bündnis profitierte. Durch fremde Kapitalhilfe machte die Industrie große Fortschritte, wurden Verkehrsverbindungen verbessert, ging es dem Bergbau, besonders dem Gold- und Silberabbau, zunehmend besser. Nur die Lage der landlosen Campesinos änderte sich nicht: nach wie vor schufteten sie auf den Feldern der Riesenhazienden. Selbst auf der Halbinsel Yucatan machte sich der Aufschwung bemerkbar, weil alle Welt plötzlich Bedarf nach starken Seilen und Tauen hatte. Diese wurden aus einer bestimmten Agavenart hergestellt und machten manchen Landbesitzer in dieser und der folgenden Zeit zu Millionären, allerdings wiederum auf Kosten der Indios, denen ja die Herstellung der Hanfseile oder des Sisals, wie dieses Material nach dem jetzt versandeten Ausfuhrhafen Sisal hieß, schon seit Mayazeiten bekannt war. Um die Jahrhundertwende war es mit dem großen Aufschwung vorbei. Es ist wenig national gedacht, aber auf eine solche Gelegenheit wartete schon lange die vor Diaz ins Ausland geflüchtete Opposition. Und obwohl die Unzufriedenheit immer größer wurde, obwohl immer häufiger kleine Aufstände mit Waffengewalt niedergeschlagen werden mußten, stellte sich der fast 80jährige Diaz 1910 noch einmal zur Wahl. Aber Männer ganz anderer Art machten ihm jetzt das Leben schwer. Die Campesinos im Süden haben sich um *Emiliano Zapata* zusammengeschart und wollten nun mit Waffengewalt das immer wieder versprochene Land erobern. Im Norden hat ein gewisser Francisco Villa, der unter dem Namen *Pancho Villa* weltberühmt wird, starke »Banden« um sich gesammelt. Der Mann, der schließlich mit Unterstützung der beiden Bauernführer Präsident wird, heißt *Francisco Madero*.

1911 geht Diaz endlich ins Exil und stirbt 1915 in Paris. Eine Zeit, die von ihm geprägt wurde, das Profiriato, ist vorüber.

Namen über Namen

Wiederum versinkt Mexiko im Blut. Zapata und seine Bauern kämpfen gegen Madero, der plötzlich wieder den Großgrundbesitz in Schutz nimmt – aber gegen Zapatas Bauern nichts ausrichten kann. Pancho Villa und ein alter Kampfgefährte von Diaz, General *Huerta*, kämpfen im Norden für Madero. Huerta wechselt, wie sein früherer Chef Diaz, die Fronten und geht sogar soweit, daß er sich zum Präsidenten ausruft – allerdings über die Leiche des Madero, den er vorher umgebracht hat.

Es wird wie es unter Diaz war. Wir schreiben bereits das Jahr 1913. Es ist mitten in der Zeit, von der die einen sagen, es ist Bürgerkrieg, und die anderen, es ist Revolution. Wie auch immer, dem Land kostet diese Zeit, die noch bis 1917 andauert, weit über eine Million Tote. Wiederum finden sich genügend einflußreiche Leute, die gegen Huertas Militärdiktatur sind. Dieses Mal heißt der Mann *Venustiano Carranza*. Selbst nicht so leicht zufriedenzustellende Männer wie Zapata und Villa stehen auf seiner Seite, und alle zusammen besiegten Huerta, der ebenfalls, wie sein Freund Diaz, ins Exil geht. Viva Carranza!, wieder hat Mexiko einen Präsidenten mit Reformideen. Aber auch das schon so oft gespielte Spiel wiederholt sich bei Carranza. Er läßt seinen Armeeführer Obregon, einen ehemaligen Bauern, gegen die Bauernarmee Zapatas und die Reiterarmee Pancho Villas marschieren. Die beiden alten Kämpen sind erfolgreicher und zwingen Carranza sogar, die Hauptstadt zu verlassen. Ein rauschendes Fest muß es für sie

gewesen sein, als sie mit ihren Truppen in Mexiko City einrückten und wie kleine Jungen im Präsidentenpalast umherrannten oder sich, abwechselnd im Präsidentenstuhl sitzend, fotografieren ließen. Sicherlich waren die Siegesgelage, die die Bauern und Reiter in der Hauptstadt veranstalteten, ähnlich wie die, die Cortés' Truppen ungefähr 400 Jahre zuvor ebenfalls in Mexiko veranstalteten, als mit dem armen Cuauhtemoc der letzte Aztekenherrscher besiegt war. 1917, als die beiden Sieger wieder in die ihnen viel vertrauteren Gegenden zurückgehen, kehrt auch Carranza wieder nach Mexiko zurück. Wiederum läßt er seinen Armeeführer Obregon gegen Villa marschieren, der aus den Kämpfen gegen dessen Reiter viel gelernt hat und dieses Mal erfolgreich ist. Aber auch Carranza hat gelernt und macht sich sofort an die Ausarbeitung einer Verfassung, in der erstmals auch von den Rechten der Bauern die Rede ist. Diese von Carranza im Jahre 1917 ausgearbeitete und verkündete Verfassung ist bis heute gültig.

Trotzdem bedeutet eine Verfassung noch keinen Frieden, denn viele meinen, daß ihre Interessen nicht zur Genüge berücksichtigt wurden. Zapata beispielsweise kämpft weiter gegen ihn, weil er dessen Landreformen, die besonders im Staat Morelos durchgesetzt wurden, wieder rückgängig machen will. Carranza, eben noch gefeierter Held, hat plötzlich viele Gegner. Als er dann ebenfalls zum rettenden Hafen Veracruz reisen will, um wie so viele vor ihm ins Ausland zu fliehen, wird er erschossen. Unbedingt erwähnt werden muß aber noch, daß in seine Präsidentschaftszeit die feige Ermordung Emiliano Zapatas am 10. April 1919 fällt.

Der ehemalige Bauer und spätere Armeeführer *Alvaro Obregon* wird 1920 der neue Präsident von Mexiko. Seine Bestrebungen nach weiteren Agrarreformen und nach einer Verbesserung des Schulwesens werden vom Großteil der mexikanischen Bevölkerung unterstützt. Allerdings wird seine Präsidentschaft durch die Ermordung des zweiten populären Volkshelden etwas belastet. Pancho Villa, der Reitergeneral, vom Pferd auf das bequemere Auto (Dodge) umgestiegen, gerät in *Chihuahua* in einen Hinterhalt und wird auf dem Rücksitz seines Wagens von Maschinengewehrkugeln durchsiebt (1923). Den durchlöcherten Wagen kann man heute noch in einem kleinen Museum dieser Stadt besichtigen.

Sind die beiden Hauptunruhemacher nun endgültig beseitigt oder gibt es neue Zapatas oder Villas? Im Jahre 1924 gibt (das war lange nicht da) Obregon die Präsidentschaft freiwillig an *Plutarco Elias Calles* weiter. Trotz dieser loyalen Haltung und trotz seiner Beliebtheit beim Volk hat er sich aber offensichtlich in bestimmten Kreisen Feinde gemacht. Oder mußte er für die gegen die Interessen eines großen Teils der katholischen Priesterschaft gerichtete Politik seines Nachfolgers büßen? Vier Jahre nach (!) Amtsübergabe, im Jahre 1928, wird Obregon ermordet. Oder war diese Beliebtheit nur oberflächlich? Sicher, die Bauern aus der Gegend Zapatas, in Morelos beispielsweise, bekamen einiges Land und waren, als sie diese Bemühungen sahen, auf seiner Seite. Andererseits begann unter seiner Leitung der Kampf gegen die Kirche, die ja, wie gesagt, der größte Großgrundbesitzer Mexikos war und sich an Landverteilungen und an der Lösung anderer sozialer Probleme in keiner Weise beteiligte. Calles hatte den Kampf gegen die katholische Kirche weiterzuführen und tat das auch. Einer seiner Parteigänger, ein gewisser Canabal, gründete sogar eine richtige Organisation, die »Rothemden«, die sich ausschließlich mit der Zerstörung von Kirchen und der Drangsalierung von Geistlichen beschäftigte. Natürlich gab es auch genügend katholische Anhänger, die sich nun ihrerseits zusammenfanden und den »Rothemden« erbitterte Kämpfe lieferten. Diese als *Cristeros-Aufstände* bekannt gewordenen Auseinandersetzungen endeten, wie so häufig in solchen Fällen, mit einem Kompromiß, d. h. es wurde so wie es vorher war.

Alle sechs Jahre ein neuer Präsident

Ganz besonders eine noch bis heute andauernde »Erfindung« ist Calles zuzuschreiben, nämlich die Gründung der PRI (Partido Revolucionario Institucional, was soviel wie Partei der immerwährenden Revolution bedeutet) im Jahre 1929. Es ist dabei unwichtig, daß diese Partei in der ersten Zeit

127

PNR (Partido Nacional Revolucionario) hieß. Ein wichtiger Punkt im Parteiprogramm ist, daß der Präsident alle sechs Jahre gewählt wird und daß der gleiche Präsident nie zweimal gewählt werden darf. Die Revolverhelden und Kleinbanden, die manchem Präsidenten zu immer weiteren »Erfolgen« verholfen hatten, waren nun überflüssig geworden. Das neue politische System der PRI sollte sich 1934 dann mit der Wahl des *Lazaro Cardenas* zum ersten Male bewähren. Mit ihm hatten zumindest die mittellosen Mexikaner Glück, besonders aber die Campesinos, denn unter keinem Präsidenten wurde soviel Land verteilt wie unter ihm.

Seine größte Tat war die von ihm durchgesetzte Verstaatlichung der Erdölfelder. Dabei fing diese Verstaatlichung ganz harmlos mit der Forderung nach einer Lohnerhöhung an. Monatelang, fast ein Jahr, wurde darüber verhandelt, die Gerichte wurden bemüht, weil sie feststellen sollten, ob diese Forderungen (die zwar über 25 % lagen) überhaupt gerechtfertigt seien. Als die Gerichte dann auch noch für die Arbeiter urteilten, die Gesellschaften aber immer noch nicht zahlen wollten, ließ Cardenas in einer berühmt gewordenen Rundfunkrede erklären, daß die gesamte sich in ausländischen Händen befindliche Ölindustrie verstaatlicht wird. Durch große persönliche Opfer aller Bevölkerungsschichten wurden die Summen für die Abfindungen der Ölgesellschaften ermöglicht. Das nationale Selbstgefühl wurde durch diese Verstaatlichung enorm gesteigert!

Der nächste Präsident im Sechsjahresrhythmus hieß *Manuel Avila Camacho*. Er ist Präsident in einer Zeit, als im fernen Europa der Zweite Weltkrieg tobte von 1940–1946, für den sich – natürlich – hauptsächlich die Amerikaner interessieren. Er baut, fern vom Kriegsgeschehen in seinem Lande eine bald sehr gut funktionierende Industrie auf, deren Erzeugnisse der alles verschlingende Moloch USA in großen Mengen kauft. Auf Drängen der USA tritt Camacho 1942 der alliierten Allianz bei und erklärt den Achsenmächten den Krieg. Drei Jahre lang war jedoch die einzig feindliche Handlung die, daß er die Gelder Deutschlands, Italiens und Japans »einfror«. Als »Militärmacht« beteiligte sich Mexiko erst gegen Ende des Krieges aktiv mit einigen Flugzeugen im Pazifik.

Durch den festgelegten Präsidentenwechsel ist es auch verhältnismäßig einfach, die Geschichte Mexikos zu schildern und die Geschehnisse aufzuzählen, die in die Regierungszeit der Präsidenten fielen oder mit denen sich diese besonders hervorgetan haben.

Der Präsident der Jahre 1946–1952 heißt *Miguel Aleman*. Das System der Partei, der er schon unter seinem Vorgänger große Dienste geleistet hatte, bringt es auch mit sich, daß sich jeder der Präsidenten darum bemüht, irgend etwas zu schaffen oder zu veranstalten, was von bleibendem Wert ist – vorausgesetzt natürlich, es läuft alles normal. Daß das nicht immer so ist, werden wir später sehen. Unter Alemans Präsidentschaft wird die PNR nun in PRI umbenannt. Das allein reicht natürlich nicht für ein »Denkmal«. Dagegen ist der Bau der UNAM, der Universidad Nacional Autónoma de México, schon eher eine Sache, mit der man sich sehen lassen kann. Auch für die Fremden und Erholungssuchenden wird etwas getan, denn in seiner Präsidentschaft wird die schöne Autostraße von Mexico City nach Acapulco gebaut. Und als politischen Triumph kann er den Besuch von Harry S. Truman auf seine Fahnen schreiben, denn die Stimmung zwischen den beiden Ländern ist seit der Verstaatlichung der Ölfirmen noch immer alles andere als freundschaftlich. Truman legt sogar am Grabmal der Niños Hereos einen Kranz nieder, eine für Mexikos Selbstbewußtsein sehr wichtige Geste.

In mexikanischen Geschichtsbüchern wird der Nachfolger Alemans, *Adolfo Ruiz Cortines* als farblos hingestellt. Es heißt einfach, 1952–1958 war die Präsidentschaft des A. R. Cortines. Aber immerhin gelang ihm die Einführung des Frauenwahlrechts, was im Lande der Machos eigentlich auch zählen sollte. Erst sein Nachfolger *Adolfo Lopez Mateos* (1958–1964) bemerkte, was unter Cortines nicht gemacht oder erreicht wurde. Nach langer, langer Zeit besinnt sich mit Mateos erstmals wieder ein Präsident auf die Urforderung der Revolution, nämlich auf die Landverteilung. Das ist unter anderem deswegen besonders wichtig, weil die Bevölkerung Mexikos inzwischen auf fast 35 Millionen Menschen angestiegen ist (1930 sollen es ca. 12 Millionen gewesen sein). In den Städten fördert er die Industrialisierung, und in ausländischen Händen befindliche Industrien oder Fabriken werden – zwar mit Entschädigungen – verstaatlicht. Hauptleidtragende sind wieder einmal die Amerikaner. Andererseits bekämpft er aber auch zu extreme Gruppierungen, wie die Kommunisten, manchmal sogar mit Hilfe des Militärs.

Wiederum ergibt sich die Gelegenheit, dem großen Bruder im Norden zu trotzen. Als einziges Land innerhalb der Organisation Amerikanischer Staaten (OAS) bringt Mateos es fertig, gegen den Ausschluß Kubas zu stimmen, wo soeben Fidel Castro den Amerikafreund Battista vertrieben hatte.

Nicht jeder Präsident hatte jedoch das Glück, daß seine Regierungszeit verhältnismäßig problemlos abläuft.

Gustavo Diaz Ordaz (1964 bis 1970) jedenfalls hatte Pech! Schon in der Regierungszeit des Präsidenten Aleman (1946–1952) wurden die Olympischen Spiele für 1968 nach Mexiko vergeben. Das »Fest der Jugend« sollte damit zum ersten Mal in seiner Geschichte in einem Land Lateinamerikas stattfinden. Wie alle Länder, in denen Olympische Spiele veranstaltet werden, putzte sich auch Mexiko City für diese Tage besonders heraus, baute Stadien, Unterkünfte, richtete die Technologie ein, die heute für die Medien dieser Welt notwendig geworden sind. Ausgaben über Ausgaben werden dafür benötigt. In diesem Falle spricht man von 3 Milliarden Pesos (ungefähr 2 370 000 DM). Eine Summe also, die auch von einem der sogenannten »reichen« Länder nicht so ohne weiteres aufzubringen ist. Ein Entwicklungsland, zu dem Mexiko zählt, sollte solche Summen eigentlich anders verwenden, beispielsweise für die Ablösung der hohen Auslandsschulden, zur Beseitigung der Arbeitslosigkeit, zur Minderung der Wohnungsnot und so weiter, und so weiter. Das jedenfalls meinten die Studenten an den Universitäten und Hochschulen des Landes. Hinzu kam die Unzufriedenheit mit der Regierung. Schon in den letzten Jahren, besonders aber seit Juli 1968 gab es in vielen Universitätsstädten, und hier wiederum hauptsächlich in Mexiko City, immer häufiger Demonstrationen und damit verbunden Auseinandersetzungen mit der Polizei. An manchen Tagen waren Hunderttausende unterwegs. Die breite »Reforma« und der Zocalo boten hierfür genügend Platz. Am 2. Oktober 1968, nur wenige Tage vor dem Beginn der Olympischen Spiele, machte Ordaz dann ernst und ließ in die auf dem Platz der Drei Kulturen (Tlatelolco) versammelte Menge schießen. Ergebnis 200–300 Tote, Tausende von Verhaftungen. Die Ruhe war wiederhergestellt. Der Preis war hoch. Unvergessen bis heute!

Zumindest bei der studentischen Jugend erfreute sich *Luis Echeveria*, der die Präsidentenwahl nun gewann und der von 1970 bis 1976 Träger dieses Amtes war, keiner allzugroßen Beliebtheit. Er hatte als leitender Beamter während der Unruhen von 1968 im Innenministerium gearbeitet und wurde insbesondere für die Polizeieinsätze während der Unruhen verantwortlich gemacht. Andererseits hatte er sich aber immer für Gespräche mit den Studenten eingesetzt und sogar jungen Politikernachwuchs in die Regierung geholt.

Es ist klar, daß in Zeiten beginnender Rezession ein Entwicklungsland mehr Sorgen hat als ein Industrieland, und so wirkten sich die aufkommenden Schwierigkeiten in Mexiko auch größer aus. Die innenpolitischen Schwierigkeiten wuchsen. Für die Menschen in Europa ist es beispielsweise unverständlich, daß es in dieser, schon fast »heutigen« Zeit, noch zu Landbesetzungen kommen kann, wie sie zur Regierungszeit des Echeveria stattfinden. Man sieht daraus, daß selbst die alten Revolutionssätze aus dem ersten Jahrzehnt unseres Jahrhunderts noch immer aktuell sind. Zapata würde sich wundern! Der Präsident will allerdings, da sich diese Besetzungen erst gegen Ende seiner Amtszeit abspielen, nichts mehr dagegen unternehmen, um es nicht noch einmal zu Auseinandersetzungen kommen zu lassen.

Öl – Wir haben welches

Der ehemalige Finanzminister in dieser Regierung, *Jose Lopez Portillo*, wird Präsident für die Jahre 1976–1982. Vor allem will er die immer mehr zunehmende Arbeitslosigkeit und die Armut im Lande bekämpfen. Ein fast aussichtsloser Kampf. Aber, wie das so häufig im Leben ist: Glück gehört dem Tüchtigen. Während seiner Präsidentschaft werden im Golf von Mexiko sagenhaft ergiebige Ölquellen gefunden. Besonders die westliche Welt atmet auf, weil man endlich einen verläßlicheren Parter gefunden zu haben glaubt als beispielsweise den Iran oder den Irak, und das Preisdiktat der Saudis gefällt den Industrieländern auch nicht so recht. Mit Vehemenz werden in Mexiko nun Industrien errichtet, Arbeitsplätze geschaffen, Kredite aufgenommen, weil man sich ja ausrechnen kann, daß bei einem Wirtschaftswachstum von über 7 % pro Jahr diese

Gelder schnell zurückgezahlt werden können. »Es gibt auf der Welt nur noch Länder mit Öl und welche ohne Öl. Wir haben welches«, soll Portillo gesagt haben. Mit einem solchen auf eine erfolgreiche Zukunft gerichteten Kurs, kann man auch in der Politik auf schon lange gewünschte Forderungen eingehen. Der Präsident gestattet deshalb auch anderen politischen Gruppierungen den Zutritt zum Parlament (eigentlich ja völlig überflüssig, denn die PRI vereinigt doch alle politischen Strömungen in sich). Es wird in Zukunft so, daß die Abgeordnetenzahl von 400, die bisher ausschließlich von der PRI gestellt wurde, auf 300 reduziert wird, während sich die Herren von den Oppositionsparteien um die verbleibenden 100 bemühen dürfen. Die Kommunisten stellen übrigens eine Frau als Kandidatin auf: *Rosario Ibarra*

de Piedra. Die Ibarra gehörte zu den Frauen und Müttern, die zehn Jahre nach der blutigen Demonstration von 1968 mit Plakaten und Transparenten auf ihre seither verschollenen Ehemänner oder Söhne aufmerksam machen wollen und die sich zu einem Hungerstreik auf dem Platz vor der Kathedrale zusammengefunden haben.

Doch ach, eben noch mit Zukunftsplanungen beschäftigt, die viele Jahrzehnte vorausgehen, fällt weltweit plötzlich der Ölpreis – und damit Mexikos neuer Reichtum. Das einzige, was dem Land bleibt, sind die Auslandsschulden, und die betragen inzwischen weit über 100 Milliarden Dollar. Eine unvorstellbare Zahl, die Mexiko zu den höchstverschuldeten Ländern der Welt macht. Hatte da der ehemalige Finanzminister etwa eine falsche Finanzpolitik betrieben?

Es geht weiter, immer weiter

Ein Wirtschaftszweig, mit dem heute in vielen Ländern gerechnet wird, findet auch in Mexiko ganz besondere Beachtung: Der Tourismus. Natürlich ist auch dieser konjunkturabhängig, aber er ist für dieses Land so wichtig, daß dafür ein eigenes Ministerium geschaffen wurde. Präsident Portillo nahm sich dieses Ressorts besonders an, und inzwischen ist der Tourismus die zweitwichtigste Einnahmequelle für das Land geworden. Hauptsächlich reisen die durch die Nähe begünstigten Amerikaner hierher. Die kalifornischen Küsten sind das ideale Gebiet für die Hochseeangler, die meisten fahren aber – wie beispiels-

weise die Deutschen auch – auf ausgearbeiteten Rundreisen in die sogenannten archäologischen Zonen, die sich, das muß man den Mexikanern lassen, jeweils in einem ausgezeichneten Zustand befinden. Man kann sagen, daß eine ganze Industrie von den Reisenden lebt, seien es die Hotels, die gebaut werden müssen, das Hotelpersonal, das Tausende von Menschen benötigt, die Souvenirhersteller, die Verkäufer und so weiter.

Einer der vielleicht glücklosen Präsidenten war *Miguel de la Madrid* (1982–1988), dessen Amtszeit im Juli 1988 abgelaufen war. Er hatte das Pech, daß in seine Regierungszeit 1985 (am 19.

September) das schwerste Erdbeben fiel, das Mexiko, ja man kann sagen die Welt, je erlebt hatte. Ganze Straßenzüge krachten dabei zusammen, und zwischen vollständig erhalten gebliebenen Hochhäusern stürzte plötzlich ein einzelnes Haus ein (?). Über 20 000 Tote wurden unter den Trümmern von Wohnhäusern und öffentlichen Gebäuden (beispielsweise Krankenhäusern) begraben. Den Präsidenten, seine Regierung und vor allem die PRI trafen Vorwürfe, obwohl die betroffenen Häuser lange vor deren Zeit gebaut wurden. Die Kritiker sagen, daß durch Korruption in der Bauwirtschaft die Gebäude nicht erdbebensicher gebaut und daß durch Schiebereien die notwendigen guten Baumaterialien gegen minderwertige ausgetauscht wurden. Über 50 000 Menschen hatten ihre Wohnungen verloren oder mußten sie wegen Einsturzgefahr verlassen. Diese Leute, die noch monatelang in Notquartieren oder Zelten hausen mußten, waren natürlich besonders verbittert, weil sie der Regierung die Schuld an dem viel zu langen Warten auf Abhilfe gaben. Bis zu den Spielen um die Fußballweltmeisterschaft, die im Jahre 1986 in Mexiko stattfanden, waren die Schäden noch so offensichtlich, daß die betroffenen Häuserzeilen und die Notquartiere, zumindest in den stark vom Verkehr frequentierten Straßen, einfach durch zwei Meter hohes Wellblech, für die Gäste aus aller Welt also unsichtbar gemacht, von der Außenwelt abgetrennt wurden. Die Fußballweltmeisterschaft ließ zwar das Beben für die meisten – besonders für die ausländischen Besucher – bald in Vergessenheit geraten, für die Bewohner der Stadt jedoch hat es »das Bewußtsein verändert – nichts ist mehr wie zuvor«, schreibt

Elena Poniatowska, in Mexiko lebende Journalistin, in einer Reportage über das Erdbeben. Die anderen politischen Erfolge, die unter der Regierung de la Madrids zustandekamen, zählen angesichts der so offenkundigen Unfähigkeit der Leute um den Präsidenten bei der Lösung der Probleme im eigenen Land, besonders während des Erdbebens, nicht mehr. An der enormen Schuldenlast von über 100 Milliarden Dollar, von der jedermann weiß, daß sie nie zurückgezahlt werden kann, müßte eigentlich die Verantwortungslosigkeit der letzten Präsidenten gegenüber ihrem Volk zu ersehen sein (nur Brasilien ist noch höher verschuldet). Wie kann ein Mensch, sollte er wirklich Diener seines Staates sein, so leben!

Ganz einfach. Der Sechs-Jahre-Rhythmus ist um. Am 6. Juli 1988 wurde ein neuer Präsident gewählt. Sein Name ist *Carlos Salinas de Gortari*, und selbstverständlich kommt er wiederum aus der Partido Revolucionario Institucional (PRI). Salinas wurde mit weit weniger Stimmen zum Präsidenten gewählt als seine Vorgänger – aber, sagt man, mit viel mehr Glaubwürdigkeit.

Ist es nun ein gutes oder ein schlechtes Omen, wenn die Mexikaner eine ganze Woche lang auf die endgültigen Wahlergebnisse warten mußten? Und wie gingen diese Wahlen vor sich? Der Wahlkampfleiter der Oppositionspartei wurde noch einige Tage vor der Wahl ermordet! Die Opposition, ein Zusammenschluß verschiedener (linker) Gruppierungen zur Nationalen Demokratischen Front (FON), steht unter der Führung eines berühmten Namens, Cuauhtemoc Cardenas, dem Sohn des Präsidenten Cardenas (1934-1940). Seit der Stimmenauszählung lastet die FON der PRI

Wahlbetrug an. Sie gibt an, daß in mehr als 100 Wahlbezirken (von den 300 des Landes), die Wahlergebnisse zugunsten Salinas' gefälscht wurden, und daß viele Stimmen, die für Cardenas' abgegeben wurden, einfach vernichtet wurden. Ein Mitglied der FON zeigte gar zwei Wahlurnen, in denen die Hälfte der für den Kandidaten der Linken abgegebenen Stimmen verbrannt waren. War der ohnehin schon knappe Sieg der PRI (50,35 %) auch noch Betrug? Niemals zuvor in der Geschichte des Landes Mexiko hat ein Präsident so wenig Stimmen erhalten wie Salinas. Die vorhergehenden Präsidenten gewannen noch mit 98 bzw. 71 %. Und der noch bis Dezember 1988 amtierende Präsident de la Madrid bekam noch sieben Millionen Stimmen mehr als Salinas mit seinen »nur« 9 641 329 Stimmen! Salinas geht allerdings der Ruf voraus, daß er sein Land wieder zu einem »Neuen Mexiko« machen wird. Aber das

hatten ja eigentlich die anderen Präsidenten auch gesagt. Das Regieren wird bei der starken Opposition, die 31,12 % der Stimmen bekam, nicht leicht sein. Als dritte Partei folgt die PAN (Partido de Action Nacional) mit 17,07 %. Es ist eine Partei mit rechter Ausrichtung. Der Führer dieser Partei, Manuel Clouthier, ist nun wiederum der Ansicht, daß weder die PRI noch die FON die Wahlen gewonnen hat und erklärt sich zum moralischen Sieger dieser Wahlen, während der Verlierer das mexikanische Volk ist, das sich nun für weitere sechs Jahre von einem Wahlbetrugspräsidenten regieren lassen muß.

Insgesamt ist zu den Wahlen zu sagen, daß sich auf der politischen Karte des Landes im Norden eine Vorherrschaft der Mitte-Rechts-Anhänger und im Süden eine der Linken zeigt, daß die PRI besonders in den großen Städten verloren hat, und daß eine Stärkung des linken Flügels sichtbar wird.

Zeittafel

Wichtigste Personen und Ereignisse im Vizekönigtum Neuspanien (bis 1823) und in Mexiko.

1530 — Mexiko wird zum Vizekönigreich Neuspanien erklärt. Der erste Vizekönig heißt Antonio de Mendoza.

1531 — Dem Indio Juan Diego erscheint die »Jungfrau von Guadalupe«.

1811 — Pater Hidalgo (Grito de Dolores) wird in Chihuahua hingerichtet.

1822 — Der Armeeführer Agustin Iturbe läßt sich zum Kaiser (Agustin I.) ausrufen.

1823 — Das Vizekönigreich Neuspanien macht sich von Spanien unabhängig, wird Republik und heißt seither Mexiko, erster Präsident Guadalupe Victoria.

1825 — Die letzten Spanier verlassen über Veracruz Mexiko.

1833 — Antonio Lopez de Santa Ana wird Präsident. Während seiner 22jährigen Präsidentschaft (mit kurzen Unterbrechungen) verliert Spanien die heutigen Staaten Texas, New Mexico, Arizona und Kalifornien an die USA.

1861 — Benito Juarez wird Präsident. Unter seiner Mitwirkung entstanden 1857 die Reformgesetze, die u. a. auch zur Trennung von Staat und Kirche führten.

1864 — Erzherzog Ferdinand Joseph von Habsburg wird Kaiser von Mexiko (Maximilian I.).

1867 — Kaiser Maximilian I. wird von Benito Juárez gestürzt und in Querétaro standrechtlich erschossen.

1876 — Porfirio Diaz wird zum ersten Mal Präsident (bis 1880). Zum zweiten Mal von 1884–1910.

1911 — Francisco Madero wird neuer Präsident. Die mexikanische Revolution beginnt. Markanteste Führer der Revolution: Emiliano Zapata und Francisco (Pancho) Villa.

1917 — Neue Verfassung unter Carranza.

1919 — Zapata wird ermordet.

1923 — Pancho Villa wird in seinem Wagen erschossen.

1924 — Plutarco Elias Calles wird Präsident. In seine Amtszeit fallen die »Cristeros«-Aufstände und die Gründung der PRI (Partido Revolucionario Institucional)

1934 — Lazaro Cardenas. Landverteilung an die Kleinbauern. In seine Amtszeit fällt die Verstaatlichung des Erdöls.

1942 — Unter Manuel Avila Camacho Kriegserklärung an die Achsenmächte.

1968 — Während der Präsidentschaft von Diaz Ordaz finden die XIX. Olympischen Spiele in Mexiko statt. Studentenunruhen auf dem Platz der Drei Kulturen.

1985 — Schwerstes Erdbeben in Mexiko während der Präsidentschaft Miguel de Madrids.

1986 — Fußballweltmeisterschaft in Mexiko.

1988 — Der neu gewählte Präsident heißt Carlos Salinas de Grotari. Mit 50,35 % ist es der bisher knappste Sieg eines Präsidentschaftskandidaten der PRI.

Von Mexico City (Tenochtitlán) durch Mexico

Seien wir mal ehrlich, für die meisten von uns ist Mexiko, das Land und die Stadt, ein Land und eine Stadt wie viele andere mehr auf der Welt. Einiges haben wir davon gehört – meistens, wenn es sich um Katastrophen handelt – und vielleicht im Fernsehen gesehen. Über die Menschen, die in diesem Lande leben, gibt es Klischeevorstellungen, die oft genug aus amerikanischen Filmen herrühren. Und *so* sehen wir ihn: mittelgroß, stämmig, häufig im enganliegenden schwarzen Anzug mit Silberbesatz, Riesensombrero, Riesenschnäuzer: den *charro*. In der Synchronisation spricht er fast immer gebrochen Deutsch, ist tolpatschig, hinterlistig, läuft in jede Falle, die ihm seine smarten – amerikanischen – Filmpartner stellen.

Oder: Weiß gekleidete Campesinotölpel werden von einem überlegen denkenden Gringo (natürlich) in der Handhabung von Feuerwaffen und in Disziplin gedrillt, um dann erfolgreich gegen ihre Ausbeuter – Großgrundbesitzer oder Regierungstruppen – zu kämpfen.

Und die Frauen? Klein und etwas rundlich, mütterlich und im Film nur Staffage. Höchstens die jungen Mädchen werden anders gezeigt, wenn sie mit aufgelösten langen schwarzen Haaren temperamentvoll mit anderen streiten und natürlich den männlichen Tölpeln in allen Belangen überlegen sind. Manchmal sind sie auch anschmiegsame Liebhaberinnen, die am Schluß des Films leider sterben müssen oder von ihren Liebhabern sitzengelassen werden.

Die wenigen sozialkritischen Filme, in denen es anders ist, gehen da völlig unter. Schlimm ist, wenn man mit diesem vorgeprägten Bild nach Mexiko kommt.

Mittelgroß sind die meisten von ihnen dann auch wirklich, meist dunkelhaarig. Gekleidet sind sie wie bei uns. Viele von ihnen haben einen indianischen Gesichtsschnitt, der aus der Vorbereitungsliteratur bekannt ist: rundliches Gesicht, tief in der Stirn beginnender Haaransatz. Oder ist auch das eine vorgeprägte Meinung?

Das Touristenviertel: die »zona rosa«

Die meisten Touristengruppen, die ihre Reise in Mexico City beginnen, wohnen in der »zona rosa«. Das ist der von der übrigen Stadt abgetrennte Komplex mit den vielen Hotels, Restaurants und Souvenirläden, in dem die Reisenden nach ihren Tagestouren und nach dem reichhaltigen Abendbrot spazierengehen oder noch einige Einkäufe machen. Die Schaufenster sind dekoriert wie in Europa oder Amerika – und die paar Straßenverkäufer oder die scheu an den Hauswänden sitzenden *Marias*, wie die kleinen Indiofrauen genannt werden, die mit einem, zwei oder drei spielenden oder schlafenden Kleinstkindern ein paar Pesos erbetteln wollen, werden einfach übersehen. Eine große Anzahl Polizisten sorgt im übrigen dafür, daß die Fremden nicht allzusehr belästigt werden. Hier werden täglich – fast noch im Morgengrauen – die Straßen gesäubert. Nach dem Frühstück steigen die Gruppen dann in die bereitstehenden bequemen Busse und sehen, sollten sie zum ersten Mal in dieser Stadt sein, dem Tag erwartungsvoll entgegen.

Ein Gang durch Mexikos Hauptstadt

Auf dem Tagesplan steht die übliche Stadtrundfahrt zur Orientierung. Das erste Ziel ist der *Regierungspalast*. Die Wachposten werden passiert, im Innenhof plätschert ein Springbrunnen. In den Arkadengängen im ersten Stockwerk kann die mexikanische Geschichte an riesigen Wandgemälden, den *murales* von *Diego Rivera*, betrachtet werden. Man sollte sich eigentlich längere Zeit mit diesen Bildern befassen, denn es werden so viele Details gezeigt, man wird auf so viele Dinge hingewiesen, die man dann auf der weiteren Fahrt durch das Land wiederfindet.

Der Regierungspalast liegt am sogenannten *Zocalo*, wie die Hauptplätze in den meisten mexikanischen Städten genannt werden. Ihm schräg gegenüber liegt die riesige *Kathedrale*. Vielleicht zum ersten Male hört der Fremde hier vom sogenannten *Churriguerescostil*. Er hört auch, daß dieses Kirchenhaus das größte auf dem amerikanischen Kontinent ist. Der Interessierte kann allein in ihrem Inneren Stunden verbringen und die Arbeiten der verschiedenen Künstler ansehen, die er in den Seitenschiffen und zahlreichen Kapellen findet. Löst er sich dann von den goldglitzernden Altären und tritt wieder hinaus in das gleißende Sonnenlicht des Platzes, kommt er zu den rechts neben der Kathedrale liegenden Ausgrabungen des *Templo Mayor* der ehemaligen aztekischen Hauptstadt Tenochtitlán. An dieser einst alles beherrschenden Riesenpyramide wird seit Jahren gegraben und der Besucher kann sich, bevor er das eigentliche Grabungsgelände besucht, an einem Riesenmodell unter freiem Himmel eine Vorstellung von der alten noch im Texcocosee gelegenen Hauptstadt der »Einen Welt« machen, wie die Azteken ihr Reich nannten, und bemerkt, daß die Kathedrale genau an der Stelle der einstigen Hauptpyramide erbaut wurde.

Wenn das Wetter einmal klar sein sollte – fast immer hängt eine Dunstglocke über der Stadt –, lohnt die Fahrstuhlfahrt zur Spitze des *Torre Latinoamericana*, der an der Avenida Juárez liegt und von dem man einen weiten Blick über das unendliche Häusermeer Mexico Citys hat. Die Ausdehnung der Stadt scheint alle Vorstellungen zu übersteigen und Experten sagen schon lange, daß diese Stadt die größte der Welt sei, die weit über 20 Millionen Menschen »beherbergt«. Wer aber kann sich schon so viele Menschen vorstellen! Zum Teil leben die Einwohner der Stadt in Steinhäusern, viele in sogenannten *vecindades*, das sind Siedlungen ohne Licht und Wasser. Elektrizität kann von den Bewohnern nicht bezahlt werden, das Wasser und die Waschgelegenheiten gibt es an der gemeinsamen Pumpe im Hof oder auf der Straße. Je weiter man sich aus dem Stadtkern entfernt, werden aus den Steinhäusern dann Bretterbuden und noch weiter weg werden aus den Bretterbuden Papp»häuser«. Und obwohl sich diese Situation längst im ganzen Lande herumgesprochen hat, kommen täglich(!) an die 2000 Zuwanderer in die Stadt, die hier ihre – »ungesetzlichen« – Unterkünfte bauen.

Der Traum vom schönen Leben · Wie sagte einer der täglichen Neuankömmlinge, ein »paracaidista«, Fallschirmspringer, wie man diese Leute nennt: »Viel war es nicht, womit wir unsere Häuschen bauten. Wir nahmen alles, was uns in die Hände fiel: Abfallholz, Kartons, flachgeklopfte Blechkanister und wer weiß, was noch. Strom haben wir uns aus den Leitungen nebenan besorgt, Wasser gab es nur an öffentlichen Hydranten. Da mußte man lange warten, bis man drankam. Manchmal, wenn das Wasser knapp war, mußten wir dafür bezahlen. Während der Regenzeit liefen wir in knöcheltiefem Schlamm herum. Oft rückte

die Polizei an und drohte, uns zu vertreiben. Eines Tages kamen sie sogar mit Bulldozern.«

Wer sind nun diese Neuankömmlinge? In erster Linie kommen sie vom Lande, weil Äcker oder Pachtland die viel zu großen Familien nicht mehr ernähren können. Häufig sind sie aber auch auf die Fernsehsendungen hereingefallen, die ihnen vom schönen Leben in den Städten wahre Wunder erzählen. Dann gibt es die vielen jungen Mädchen, die als Dienstmädchen Arbeit und Unterkunft suchen, und die dann oft ohne Arbeit und Unterkunft mit ihren in Tücher gewickelten Babys an den Häuserwänden sitzen und betteln, weil sie sich schämen, wenn sie mit den Erzeugnissen der Großstadt, den Babys, wieder in ihre Heimatdörfer zurückkehren müßten.

Und der Besucher des Landes? Er muß über die Menschen am Straßenrand hinwegsehen, weil sonst eine solche Reise zu einer moralischen Belastung würde. Rezepte für die Beseitigung dieses Zustandes gibt es kaum und die Präsidenten stehen jeweils vor einer unlösbaren Aufgabe.

Leider hat die Erfahrung gezeigt, daß die oft zur Beseitigung dieser Mißstände zur Verfügung gestellten Gelder in den Sümpfen einer weit verzweigten Bürokratie versinken und sich im wesentlichen nichts ändert – aber das soll ja nicht nur in Mexiko so sein.

Das Museum · Unser Weg führt weiter in das *Anthropologische Museum*. Hier befinden sich die eindrucksvollsten Stücke aus präkolumbianischer Zeit, die dem Land noch verblieben sind. Daß die wertvollsten Stücke des Museums in jener Weihnachtsnacht vom 25. zum 26. Dezember 1985 – als die Wächter gemütlich beim Kartenspielen saßen – gestohlen wurden, kann heute nur mit Schulterzucken zur Kenntnis genommen werden. Welcher fremde Besucher hat schon eine Vorstellung von dem, was da an Figuren oder Masken fehlt! Haben die Spanier vor fast fünfhundert Jahren nicht viel mehr gewütet, als sie allen gefundenen, gestohlenen oder erpreßten goldenen Zierat einfach einschmelzen ließen, um ihn »gleichmäßig« zu verteilen? So bedauerlich dieser Diebstahl auch ist, aber was bedeuten schon die paar gestohlenen Stücke, gemessen an der Vernichtung Hunderter, ja Tausender wertvoller Gegenstände, nur weil sie aus Gold waren, gemessen auch an der sinnlosen Verbrennung unzähliger Handschriften, die über die Geschichte der Länder Mexikos hätten Auskunft geben können!

Man sollte sich jedoch nicht mit den unteren Räumen des Museums begnügen, sondern, statt der Pause im Museumsrestaurant, auch das obere Stockwerk besuchen. Hier, wo Leben, Wohnen und Brauchtum der Indios aus den verschiedenen Regionen des Landes gezeigt werden, ist man fast allein. Die Indios, wie sie noch heute in ihren Dörfern leben, stehen schon zu Lebzeiten im Museum! An den verschiedenen Bekleidungen, an

Farben, Kopfbedeckungen, Bändern oder Gürteln erkennt man die jeweilige Gegend, aus der sie kommen, und ihre Stammeszugehörigkeit.

Die *tortillas* werden von den Indiofrauen noch heute in gleicher Weise gefertigt, und der Mais dazu wird noch heute so geerntet. Im Norden des Landes machte man das auf diese Weise, im Süden auf eine andere. Das war abhängig vom Boden und von den Bedürfnissen – vor allem war es schon immer auf das Mindeste beschränkt, denn arm war man schon immer – und der Mais war heilig.

Aber trotz aller Armut gab es und gibt es auch Feste. Fast immer werden diese *fiestas* zu Ehren irgendeines Heiligen abgehalten, in dem die Indios im Grunde oft nur ihre eigenen Götter sehen.

Es ist schade, daß dieses Stockwerk so wenig Beachtung findet, denn eigentlich ist es interessanter als die Monumentalköpfe und Statuen des Erdgeschosses, mit deren fremdartigem Aussehen man ohnehin nicht viel anfangen kann. Diese Welt ist uns heute noch genauso verschlossen wie sie auch Cortés fremd gewesen ist. Anthropologisches Museum, Platz der Drei Kulturen und die Ausgrabungen an der Kathedrale geben uns den Leitfaden für die nun beginnende Reise.

Das Kuhhorn

Nur Überheblichkeit und Nichtachtung, wie sie die Spanier den Azteken entgegenbrachten, konnte aus dem poetischen Namen Quaunáhuac, was soviel wie »Von Wäldern umgeben« bedeutet,

den Namen Cuernavaca machen, was »Kuhhorn« heißt. Oder war es Dummheit? Von Mexico City ist dieser Ort leicht mit dem Bus zu erreichen. Cortés hatte hier oft während der zu heißen Sommermonate in Mexico City gewohnt. In seinem alten Schloß am Zocalo von Cuernavaca sind noch viele Dinge aus seiner Zeit zu besichtigen. Besonders staunen muß man über die alten Ritterrüstungen, unter denen ihre Träger in den heißen Monaten gehörig geschwitzt haben müssen.

Auf dem Zocalo das übliche Bild: Schuhputzer, Souvenirverkäufer, Verkäufer von Hängematten, made in Hongkong (dabei sind die eigenen viel besser), brütende Hitze für die Reisenden. Das Restaurant gegenüber Cortés' Burg sorgt für mexikanische Speisen und vor allem für Getränke. Für den Reisenden ist der halbe Tag, den er oft nur für den Besuch Cuernavacas einplant, viel zu wenig. Müßte er nicht ein paar Tage dazu verwenden, die Wege des Mannes nachzugehen, die in dem Buch »Unter dem Vulkan« von Lowry beschrieben werden? Aber wer geht schon auf den Spuren jenes Alkoholikers aus dem Roman, bleibt doch oft kaum Zeit, sich mit den Heroen dieses Landes auseinanderzusetzen.

Den Sonntag sollte man aber auf jeden Fall in Cuernavaca verbringen, wenigstens den Vormittag, wenigstens den Messebesuch in der Kathedrale sollte niemand versäumen. Die Einmaligkeit, die der Gottesdienst zu bieten hat, ist die »Misa de los Mariachis«. Mariachimusik in der Kathedrale hört man sonst nirgends auf der Welt. Hier spielen sie auch ganz anders als auf der Plaza Garibaldi in der Hauptstadt. Feierlich klingende Mariachis, auch das gibt es. Und wenn dann noch der riesige Geistliche mit Donnerstimme die Verführungen des Lebens anprangert, verläßt man demütig, fast fluchtartig das Kirchenhaus.

Wenig Gold – viel Silber: Taxco

Schließlich muß man sich beeilen, um noch rechtzeitig eine Unterkunft in *Taxco*, der Silberstadt, zu finden. Die UNESCO hat diese Stadt für besonders erhaltenswert erklärt: Eine spanische Kolonialstadt mit verwinkelten Gassen und Kopfsteinpflaster. Vom »Hotel de la Borda« am Stadtrand ist es ziemlich anstrengend, zum Zocalo hochzukommen. Dem Fußgänger bleibt nur ein schmaler, holpriger Weg an den Häuserwänden entlang, weil er den unaufhörlich hupenden Autos den Weg freimachen muß, die ohnehin schon hautnah an einem vorbeifahren. Aus den Schaufenstern und offenen Ladentüren glänzt und glitzert es. In fast allen Läden um den Zocalo wird Silber verarbeitet, und die oft wunderschönen Schmuckstücke liegen zu Tausenden in den Schaufenstern. In vielen Läden ist eine Führung durch die Werkstatt gestattet, und man kann die Fertigkeiten der Meister an Ort und Stelle bewundern. Das Silber, das einst in unmittelbarer Nähe der Stadt gefunden wurde – im Hof des »Hotels de la Borda« ist heute noch ein Förderturm in Betrieb, und die gesamte Hotelanlage steht über einem alten Stollen –, ist gleich hier in der alten Stadt verarbeitet worden. Erst seit die Minen nicht mehr so viel hergeben, wird es von weiter herangeschafft, denn die vielen Silberschmiede sind in der Stadt geblieben und bearbeiten kunstvoll das Metall. Es kann auch passieren, daß man beim Gang durch die Werkstatt plötzlich am Ärmel gezogen wird und daß einem von einem der Arbeiter bedeutet wird, in die Kniebeuge zu gehen. Verstohlen zeigt er dann ein in Lumpen oder in eine alte Zeitung gewickeltes Schmuckstück, das er aus Silberabfällen – heimlich – hergestellt hat und bietet es zum Kauf an.

Die Schmuckstücke in den Läden sind gut gearbeitet, haben allerdings auch ihren Preis – und manchmal sind sie hier in der Silberstadt teurer als in den anderen Läden des Landes. Aber ein gut gearbeitetes Schmuckstück direkt hier in der Stadt des Silbers gekauft zu haben, das ist schon etwas!

Acapulco – Tage zum Ausspannen

Die Fahrt mit dem Auto von Taxco nach Acapulco dauert ungefähr drei bis vier Stunden. Gleich nach Taxco verändert sich die Landschaft. Rechts und links der Straße wachsen Tausende Kakteen. Kandelaberkakteen in jeder Größe. Das ist das Mexiko, das man sich vorstellt, das auf unzähligen Werbeprospekten und Plakaten zu sehen ist: Blauer Himmel, Sonne, Kakteen.

Dann auf der Weiterfahrt das sich immer wiederholende Bild mexikanischer Städte: Papphäuser, Holzhäuser, Steinhäuser. Der Schreck ist groß. Das soll der berühmte Badeort Acapulco sein? Glücklicherweise ist dieser Außenring um die Stadt schnell durchfahren. Die Hotelstadt, der Badeort, liegt direkt am Meer. Die, die hier in den Außenbezirken wohnen, haben dort sowieso keinen Zutritt, die sind einfach vom Meer abgeschnitten, wie eine Mauer stehen die endlos hohen Hotelgebäude davor. Wer will auch ausgerechnet in Acapulco etwas mit Armut zu tun haben! Viel schöner, und einem Urlaub entsprechender, ist es, gleich mit den hübschen Empfangsdamen zu sprechen: »Ja, meine Mutter ist Deutsche und ich bin hier geboren, bitte sprechen Sie nicht spanisch, ich will Deutsch lernen.« Die Zimmer sind dann schnell bezogen, das Gepäck kommt »automatisch« nach, das erste Trinkgeld wird fällig. Der Reisende findet amerikanischen Komfort: Schlafzimmer, Wohnzimmer, Badezimmer. Alles ist gut und zweckmäßig eingerichtet und wird über eine Agentur für den Besitzer vermietet.

Die Hotelanlagen bieten alles, was das Herz begehrt. In den modernen Hauptstraßen finden sich unzählige Boutiquen, die sich mit den Auslagen, beispielsweise mit denen aus Düsseldorf, vergleichen lassen können. Über die an den Straßenrändern sitzende Armut lernt man schnell hinwegzusehen.

Wer Lust hat, fährt abends zu den Felsenspringern von *La Quebrada*, um sich das Spektakel der sechs Springer anzusehen, die sich mit Fackeln in den Händen in das 40 Meter unter ihnen liegende Wasserloch stürzen. Hochachtung kann man zu einer solchen Leistung nur ausdrücken. Auf dem

Tulum

Es scheint so, als ob auf der Halbinsel Yucatán die alten Mayastädte miteinander in Konkurrenz treten. Auf Grund seiner einzigartigen Lage am Karibischen Meer tritt Tulum unter ihnen besonders hervor. Das Areal der Stadt ist heute freigelegt, und niemand kann sich vorstellen, daß es noch in den ersten Jahrzehnten unseres Jahrhunderts fast völlig vom Urwald überwachsen war. Vor ungefähr 700 Jahren erbaut, war Tulum lange Zeit ein bedeutender religiöser Ort, dessen Zentrum von einer heute noch in Teilen vorhandenen Mauer umgeben war. Leider ist aus diesen Mauerresten nicht zu entnehmen, ob es sich um einen Verteidigungswall oder um eine Mauer gehandelt hat, die den religiösen Bezirk vom »einfachen Volk« trennen sollte. Auf dem höchsten Punkt der Stadt, direkt am Meer, steht das *Castillo*. Die ehemaligen Herrscher dieser Stadt konnten von hier sowohl das Meer als auch die Stadt überblicken. Rechts unterhalb des Castillos befindet sich der *Tempel des Herabstürzenden Gottes*, der eine der wichtigsten Gottheiten Tulums und der in der Nähe liegenden Städte gewesen ist. Sein Abbild befindet sich in Form eines in die Tiefe stürzenden Menschen oder Vogels über dem Eingang des Tempels (unten). Für Urlauber, die aus dem in der Nähe liegenden Badeort Cancun »flüchten« wollen, ist die kleine Bucht in unmittelbarer Nähe Tulums (noch) ein Geheimtip (s. nächste Seite).

141

Uxmal

Gleich wenn man aus der gepflegten kleinen Eingangshalle, die zur archäologischen Zone Uxmals führt, kommt, steht man vor der Rückseite der fast 40 Meter hohen *Wahrsagerpyramide*. Im Schatten eines Baumes erzählt Tim, mein mexikanischer Reisebegleiter, die Geschichte dieser Mayastadt. Uxmal, sagt er, kommt aus der Mayasprache und heißt soviel wie »dreimal erbaut«, was auf einen Mythos zurückzuführen

ist, in dem es heißt, daß ein Zwerg die Pyramide in drei Tagen erbaut haben soll. In Wirklichkeit ist aber mit dem Wachsen der Stadt auch der Tempel zu klein geworden, so daß man ihn dreimal überbaut hat. Neuere Forschungen ergeben sogar noch mehr als drei Bauphasen. Uxmal, dessen ist man heute sicher, ist eine der ältesten Mayastädte auf der Halbinsel Yucatán überhaupt. In den 300 Jahren von ca. 600–900 v. Z. erlangte die Stadt ihre größte Bedeutung. Dann wurde sie – wie viele andere Mayastätten auch – »grundlos« verlassen.

Als erstes besichtigen wir den *Gouver-*

neurspalast (s. o.), jenes auf einem niedrigen Hügel stehende fast 100 m lange Gebäude. Es sieht ziemlich unproportioniert aus, da sein aus glatten Steinen errichteter Unterbau den Eindruck erweckt, als könne er nur mit Mühe die Last des darüberliegenden und noch dazu überstehenden Bauteils tragen. Aber gerade dieser Teil ist das eigentlich Interessante, denn er ist mit unzähligen Darstellungen verziert. Wir haben es hier, wie auch bei dem unten aufgeführten »Nonnenkloster«, mit Gebäuden zu tun, die im sog. *Puuc-Stil* errichtet wurden (Merkmal: glatter unterer Fassadenteil, reich verzierter

oberer Gebäudeteil). Forscher haben herausgefunden, daß für diese ausgeschmückte, fast 3 Meter hohe Wand ungefähr 20 000 Steine einzeln bearbeitet wurden, die eine Vielzahl von Schlangen, Kreuzen und vor allem Masken des Regengottes *Chac* zeigen. Die »kahle« untere Fassade wird hingegen lediglich von 11 Eingängen unterbrochen. Von dem Hügel, auf dem der Palast erbaut wurde, hat man einen ausgezeichneten Blick auf die *Wahrsagerpyramide*, auch *Pyramide des Zauberers* genannt, und auf das *Nonnenkloster* (folgende Seite). Die verschiedenen Darstellungen auf den Friesen

des Nonnenklosters sieht man am deutlichsten bei der abendlichen Licht- und Tonschau, wenn die Reliefs in verschiedenen Farben angestrahlt werden. Mir fielen dabei die in die Friese eingearbeiteten Häuser auf, die denen gleichen, die die Nachkommen der Maya auch heute noch bauen (s. o.).
Welche Bedeutung das *Taubenhaus* hatte, das seiner vielen Nischen wegen so genannt wird, weiß man nicht. Auch der durch seine vielen Zeichnungen präkolumbianischer Bauwerke berühmt gewordene englische Maler Catherwood hat dieses Gebäude nur in seiner jetzigen Form (s. ganz oben)

vorgefunden und wußte keine Deutung.
Die *Pyramide des Wahrsagers* (folgende Seite, rechts im Bild) wird sicher von allen Besuchern Uxmals bestiegen. Nach den ersten Metern, gar erst, wenn man die erste Terrasse erreicht hat, merkt man, auf welches Wagnis man sich eingelassen hat, weil die viel zu schmalen 150 Stufen zu steil nach oben führen. Für den Abstieg ist auf der anderen Seite der Pyramide eine Kette gespannt, an der man sich festhalten kann. Aber auch diese Hilfe gibt manchem ungeübten Kletterer noch Probleme auf.

Sayil

Besonders, wenn die Nachmittagssonne das rötlichgelbe Bauwerk *el palacio* bescheint, ist der Ausflug nach Sayil ein Erlebnis, weil dann die Farben besonders schön zur Wirkung kommen. Der Besucher steht vor einem ca. 80 m breiten Gebäude aus dem 8./9. Jh. Wie groß die Bedeutung Sayils im Vergleich zu den in der Nähe liegenden Orten wie Labná, Kabah, Xlapac oder gar Uxmal war, weiß heute niemand mehr. Standen sie untereinander in freundschaftlicher Verbindung, oder waren sie, was bei den Mayastädten üblich war, aufeinander eifersüchtig und führten untereinander Kriege? Die Bauwerke der Städte sind sich ähnlich und entsprechen sicher der »Mode« der damaligen Zeit. Rechts und links von der breiten Treppe des Palacio setzen sich schmucklose Fassaden fort, die nur durch Türöffnungen unterbrochen werden, über die säulenförmige Gesimse gebaut wurden. Jeweils einige Meter zurückversetzt wiederholt sich das Ganze noch zweimal, so daß der Eindruck einer Pyramide entsteht, von deren oberstem Punkt man einen weiten Blick auf die umliegenden Wälder hat, aus denen manchmal die Spitzen bisher noch nicht freigelegter Gebäude herausragen. Der rechte Gebäudeteil und der etwas abseits liegende *Mirador* (rechts oben) befinden sich zur Zeit leider noch in einem schlechten Zustand.

Xlapac

Zwischen Sayil und Labná steht das einzige gut wieder hergerichtete Gebäude des alten Mayaortes Xlapac. Auch dieses Gebäude wird mit Palast (palacio) bezeichnet. Puuc-Stil auch hier: Eine schmucklose Wand mit zwei Türöffnungen, eine hervorspringende verzierte Fassade, die an den Außenseiten sich wiederholende Masken des Regengottes Chac mit seinen typischen, teils abgebrochenen Rüsselnasen zeigt, die, in viele Teile zersprungen, achtlos auf dem Boden liegen.

Kabah

Niemand sieht es den wenigen verbliebenen Gebäuderesten heute an, daß sich hier vom 7. bis zum 10. Jh. eine belebte Ortschaft befunden hat. Die heutige Asphaltstraße, die quer durch die alte Ortschaft geht, trägt zu dieser Meinung noch bei, weil der eilige Reisende gar nicht auf den Gedanken kommt, daß der gut 50 m entfernt stehende Torbogen (unten) etwa noch zur Stadt gehört. Dabei führte die alte Mayastraße, von der noch guterhaltene Reste vorhanden sind, direkt bis nach Uxmal, und von dem Torbogen weiß man, daß er am Stadtrand von Kabah stand und daß man durch ihn die Stadt betrat, um direkt zum *Maskentempel* oder *Palast der Masken* zu gelangen. Die jetzt der Straße zugewendete, fast 50 m lange Fassade ist mit zahllosen – es sollen über 200 sein – Masken des Regengottes Chac geschmückt, der hier im regenarmen Yucatán große Bedeutung hatte. Für die damaligen Bewohner des Ortes müssen die sich immer wiederholenden Gesichtsmasken sehr eindrucksvoll gewesen sein. Ihre großen, runden Augen, die früher vielleicht bemalt waren, blickten den in die Stadt Kommenden unverwandt an, während aus der Gesichtsmitte lange, rüsselförmige Nasen hervorragten, die, heute meist abgefallen, als Bruchstücke auf dem Erdboden liegen. Meist ist der Besucher Kabahs von dieser Wand so fasziniert, daß er den hinter dem Maskentempel stehenden Justizpalast fast übersieht.

Ejidos, Mais, Pan Bimbo

Warum diesem Thema, das nur so ganz nebenbei mit einer Besichtigungstour durch Mexiko zu tun hat, einen besonderen Text widmen? Weil man einfach davon ausgehen muß, daß nicht alle Besucher des Landes auch auf die am Rande liegenden Dinge aufmerksam gemacht werden. Eines dieser Dinge sind die *ejidos*, die sich wiederum in *ejidos collectivos* und in *ejidos individuales* unterteilen, d. h., daß in dem einen Fall Land von einer Dorfgemeinschaft und in dem anderen von einzelnen Bauern, campesinos, bearbeitet wird.

Die ejidos, übrigens eine schon bei den präkolumbianischen Indios bekannte Form der gemeinsamen Feldarbeit, sind ein Ergebnis der ständigen Forderung nach Land (tierra), der als Ergebnis der Revolution in den 20er Jahren unseres Jh. endlich – halbherzig – nachgegeben wurde. Vorzugsweise wird Mais angebaut, der in Mexiko immer noch Nahrungsmittel Nr. 1 ist. Für den Mais wurden auch die Speicher (Bild) erbaut, auf die man bei einer

Fahrt durch Mexiko überall trifft. –
Die Maya in Yucatán und Guatemala
glauben gar, daß der Mensch aus Mais
erschaffen wurde und daß man sorg-
sam und sparsam damit umgehen
müsse. Wie muß ihnen da zumute
gewesen sein, als nach der Eroberung
spanische Bauern Mais anbauten, den
sie gar nicht für sich allein aufbrauch-
ten, sondern sie rodeten die kostbaren
Wälder, um Mais anzubauen, den sie
dann weiterverkauften. Unvorstellbar!
Noch schlimmer aber ist, daß sich die
gesamte Eßkultur in Mexiko mehr und
mehr ändert, weil es einfach »schicker«
geworden ist, Weizenbrot zu essen,
eben jenes *Pan Bimbo*, dem eigentlich
sämtliche Nährstoffe entzogen sind, so
daß der Ruf nach »tierra« heute nur
noch für wenige Indios interessant ist.
Gutes Ackerland wird lieber als Rin-
derweide benutzt, damit der enorme
Bedarf des nördlichen Nachbarn nach
Steaks gestillt werden kann. Dieser
Mißbrauch fruchtbarer Erde ist nur
möglich, weil den campesinos das einmal aufgeteilte Land durch juristische
Kniffe Stück für Stück wieder weggenommen wird. Den wenigen ejidos,
die gern noch landwirtschaftlich arbeiten würden, fehlt es an Geld, um sich
moderne Maschinen kaufen zu können. Sie müßten teure Kredite aufneh-
men oder Schulden machen, die sie nie
zurückzahlen könnten. Mehr und
mehr campesinos verlassen widerwillig
ihr Land und gehen enttäuscht in die
Städte, wo sie, wenn sie Glück haben,
leichter ihr Geld verdienen – oder das
Heer der arbeitslosen Slumbewohner
noch vergrößern. Letzteres ist weit
häufiger der Fall.

153

Kantunil

Auf der ziemlich stark befahrenen Autostraße zwischen Merida und Chichén Itzá kann man ungefähr auf halber Strecke in dem Ort Kantunil einen Stop machen, um sich das Leben in einem fast nur von den Nachkommen der Maya bewohnten Ort anzusehen. Auffälligstes Bauwerk am Hauptplatz ist die 1833 im Kolonialstil errichtete Kirche. In den sauberen Sträßchen erhält man dann »Anschauungsunterricht aus erster Hand«, denn überall stehen die gleichen Hausformen, wie sie auch von den Steinmetzen vor über 1000 Jahren als Relief in die Friese der Torbögen und Paläste von Uxmal, Labná usw. eingebaut wurden. Es sind Häuser, bei denen auf einfachste Art Holz- oder Bambusstämme aneinandergereiht und mit einem Schilfdach bedeckt werden. Oft werden die Stämme noch mit Lehm beworfen. Für das Decken des Daches wird heute – fast unbezahlbares – Wellblech benutzt.

Die Bewohner dieses Ortes, in den selten ausländische Besucher kommen, sind freundlich und aufgeschlossen und zeigen gern ihre kleinen Anwesen, so daß man auch Gelegenheit hat, die Haustiere und Arbeitsgeräte im Hof anzusehen oder zuzuschauen, wie in der Küche Tortillas zubereitet werden.

155

Chichén Itzá

Die wechselvolle Geschichte Chichén Itzás hat schon lange vor dem Beginn unserer Zeitrechnung begonnen. Denn es waren die Chichén, die der Stadt um 600 n. Z. ihren Namen gaben, um sie dann aus unbekannten Gründen kurz darauf wieder zu verlassen. Ungefähr 300 Jahre später kamen neue Stämme, die Itzá, und der Name der Stadt wurde auf Chichén Itzá erweitert. An

dieser »Geschichte im Eiltempo« kann aber auch aufgezeigt werden, wie spekulativ die bisherigen Erkenntnisse sind. Niemand weiß bis heute zu sagen, ob die Itzá aus Richtung Guatemala oder aus dem Norden kamen, ob sich gar die Tolteken aus dem Hochland Mexikos auf der Halbinsel Yucatán Itzá nannten. Die Einnahme der Stadt durch die Tolteken fand ebenfalls im 10. Jh. statt – und die wichtigsten restaurierten Bauwerke stammen von ihnen. Der *Kriegertempel* beispielsweise ist ein getreues Abbild des Morgensterntempels der alten Toltekenhauptstadt Tula (Tollán). Wegen der

vielen Säulen vor und rechts neben dem Bauwerk heißt es auch *Tempel der tausend Säulen*. Die Säulen, wie auch die in Tula, trugen einst ein Dach, was im Lande der Maya bis dahin unbekannt war.

Wenn dann im prallen Sonnenschein die viel zu steilen Stufen erstiegen sind, steht man vor der Darstellung eines *Chac Mool* (links). Sein brauner Körper, dem sich früher sicher nur die Priester ehrfurchtsvoll nähern durften, ist heute an vielen Stellen blank von den Tausenden Besucherhänden, die ihn berührten, oder von Röcken oder Hosen, die sich – für ein Photo – auf

ihn setzten. Was wurde in die von seinen Händen gehaltene Schale gelegt? Warum ist sein Blick auf die Pyramide des *Kukulcan* (s. folgende Doppelseite) gerichtet, wie die toltekische Gottheit Quetzalcoatl in Yucatán hieß? Seit der spanischen Eroberung heißt diese Pyramide »el Castillo«. Etwas abseits dieser Bauwerke, zu denen auch der größte Ballspielplatz Mittelamerikas gehört, steht auf einer niedrigen Pyramide ein rundes Bauwerk, »*el Caracol*«, die Schnecke, weil der Aufstieg innen spiralförmig ist. Vermutlich wurde aus den oberen Fenstern der Sternenhimmel beobachtet (oben).

157

Cobá

Der Name der Mayastadt Cobá, die sich in dem kleinsten Staat Mexikos, in Quintana Roo, befindet, bedeutet soviel wie »gekräuseltes Wasser«, wozu sicher die in seiner Nähe liegenden Seen beigetragen haben. Cobá war vom 7. bis zum 15. Jh. bewohnt und eine der volkreichsten Mayastädte. Besonderheit dieses Ortes sind die Wege oder Dämme, auf Maya *sacbe*, die nicht nur die einzelnen Bezirke der Stadt miteinander verbanden, sondern auch zu weiter entfernt liegenden Orten führten. Eine Straße, die sacbe Nr. 1, ist fast 100 km lang und führt bis zu dem (fast unbekannten) Ort Yakuná, nur wenige Kilometer südlich von Chichén Itzá. Zum Glätten des harten Straßenbelages verwendete man schwere Steinwalzen. Bei einem derartig weitverzweigten Straßennetz kann nicht davon die Rede sein, daß es sich hier lediglich um Prozessionsstraßen gehandelt hat. Sicher wurden hier auch Handelswaren transportiert.

Die archäologische Zone Cobás soll von der mexikanischen Regierung zu einem riesigen Naturpark ausgebaut werden. Zur Zeit betritt man diese Zone noch durch eine Mayahütte (unten links) und wird von einem zahmen Affen und gesprächigen Papageien begrüßt. Nach ca. 100 m Waldweg steht man vor einem riesigen Steinhaufen, der großen Pyramide. Von dort oben deutet nichts darauf hin, daß Cobá einst eine volkreiche Stadt war.

Weg zurück zum Parkplatz stehen die Wagemutigen, noch naß vom Sprung ins Wasser, und erwarten, daß ihnen noch ein »propina« – Trinkgeld – in die Hand gedrückt wird, was selten passiert.

Auf der Rückfahrt kann noch in einem der »typischen« Fischrestaurants das Abendessen eingenommen werden. Der Fremdenverkehrsort ist um seine Gäste bemüht!

Am kommenden Tag können die Annehmlichkeiten des Ortes, besser des Badeortes, ausgenutzt werden. Da gibt es die verschieden beheizten Swimmingpools, in deren Mitte sich oft eine Bar befindet. Die Barhocker stehen im Wasser, konsumierte Getränke werden zur Zimmerrechnung geschrieben. Ein gutes Dutzend besonders bunt angezogener Stallburschen bietet Pferde für einen Strandritt an, Motorboote ziehen Wasserskifreunde hinter sich her, andere ziehen einen hoch in den Lüften schwebenden Ballon quer über die Badebucht, an dem ein Urlauber hängt, Busen, knappstens verhüllt, lassen – wenn man will – ein paar schöne Stunden erhoffen. Hier verbringt der gestreßte Reisende eben die schönsten Wochen des Jahres, seinen Urlaub.

Zapotekische Kultstadt: Monte Albán

»Wir haben keine Zeit...« heißt es so treffend in einem der heutigen Lieder. Für die Besucher Mexikos scheint dieser Satz besonders zuzutreffen. Die Reisen sind zu lang und für viele auch zu kostspielig, und darum sind die Programme vieler Reiseveranstalter so angelegt, daß nur die wichtigsten Orte auf den kürzesten Reisewegen angefahren werden. Ein kurzer Vortrag vom entsprechenden Reiseleiter muß oft genügen, und nach einer kurzen Fotopause geht es sofort weiter. Doch wehe dem, der sich eingehender mit den einzelnen Orten beschäftigen will. Ein Ort, an dem man sich gern länger aufhalten würde, ist *Oaxaca*.

Statt von Acapulco mit dem Auto dorthin zu fahren, nimmt man besser, weil schneller, das Flugzeug. Dort am Flugplatz kann dann immer noch ein Wagen gemietet werden. In der untergehenden Sonne ist die Zapotekenstadt *Monte Albán* besonders schön. Natürlich, die Reliefs der »dancers« (Tänzer) stehen in der äußersten rechten Ecke und damit schon fast im Schatten, so daß für ein gutes Photo kaum noch Zeit bleibt. Fast schon ärgerlich sind darum auch die viel zu lang erscheinenden Erklärungen des Reiseleiters. Aber man muß schon zuhören, denn viel zu interessant sind die Geschichten über den abgetragenen Berg, damit auf dem so geschaffenen Plateau diese gewaltige Tempelstätte erbaut werden konnte. Die Notizzettel füllen sich, tabellarische Aufstellungen müßten gemacht werden, um die Unterteilungen in Monte Albán I, II, III A und B, IV und V zu machen, denn das Ganze fängt schon 800 Jahre vor der Zeitrechnung an, gar schon bei den Olmeken, geht weiter zu dem Volk der Zapoteken, zu dem der Mixteken, denen man wieder eine Verwandtschaft zu den Zapoteken nachsagt. Und

161

auch die Azteken spielen für kurze Zeit in diesen Wechsel hinein, ohne jedoch einen nachhaltigen Einfluß zu hinterlassen. Die fertige Tempelstätte befand sich 1200 Meter über dem Tal, so daß seine Bewohner immer voller Ehrfurcht in den göttlichen Himmel aufsehen mußten. Auf der gesamten Hochfläche gab es nicht einen einzigen Tropfen Wasser. Die Einwohner der Täler waren verpflichtet, die riesigen Urnen ständig gefüllt zu halten, damit der Durst der dort wohnenden Priester und deren Gehilfen gestillt werden konnte. Wenngleich ansonsten das einfache Volk nur an besonderen Tagen diese Stätte besuchen durfte, hatten die Wasserträger immerwährenden Zugang zum Plateau.

Als der größte Schatz, der jemals in Amerika gefunden wurde, werden die Grabbeigaben bezeichnet, die in der sogenannten Grabanlage Nummer 7 im Jahre 1932 von Dr. Alonso Caso gefunden wurden. Auf ihrer immerwährenden Suche nach Gold war dieser Schatz den Spaniern entgangen. Über 500 Stücke wurden aus den verschiedenen Gräbern herausgeholt, Stücke aus Gold, Silber, Alabaster, Jade, Knochen und Türkise. Die gesamte Sammlung ist im Museum von Oaxaca zu sehen.

Unter den Arkaden des Zocalo von Oaxaca sitzt ein blinder Gitarrenspieler und spielt und singt das Lied vom Commandante Che Guevarra, das ich schon in Cuba viele Male hörte. Ist »Che« auch hier eine Leitfigur? Der Blinde spielt und singt, und ein kleiner Junge sammelt die hingeworfenen Münzen in eine Blechdose. »Commandanteee…«, doch die Reisenden aus vielen Ländern der Welt, die dicht neben ihm bei einer – amerikanischen – Cola zusammensitzen und ihre Erfahrungen austauschen, verstehen den Text vom Revoluzzer Che sowieso nicht.

Ort der Toten: Mitla

Kaum 50 Kilometer von Oaxaca entfernt, liegt die alte Totenstadt *Mitla*. Wiederum haben auch hier Zapoteken und Mixteken gemeinsam gewirkt. Eine Mitfahrgelegenheit ist schnell gefunden, und in einer knappen Stunde steht man neugierig vor der eingezäunten Tempelanlage, die mit ihren vielfältigen geometrischen Mustern an den Wänden wieder etwas ganz Besonderes bietet. Auch hier haben die Spanier, wie an vielen anderen »heiligen« Orten der Ureinwohner auch, auf dem höchsten Punkt der alten Tempelanlage eine Kirche gebaut.

Rund um einen staubigen Marktplatz reihen sich zahlreiche hölzerne Buden, die die Erzeugnisse der Umgegend zum Verkauf anbieten: Strohhüte, wie sie nur im Staate Oaxaca getragen werden, Wollpüppchen, Tonwaren. Einer der Ladenbesitzer lockt besonders die ausländischen Reisenden mit einem doppelten Mescal (Agavenschnaps).

Immerhin zweieinhalbtausend Jahre alt: Yagul

Überall trifft man im Staate Oaxaca auf Städtegründungen der Zapoteken. Auch der alten Stadt *Yagul*, die immerhin schon zwischen 1000 und 500 vor der Zeitrechnung erbaut wurde, sollte man darum zumindest einen kurzen Besuch abstatten. Die wenigen Kilometer, es werden etwa zehn sein, die der Ort von Mitla entfernt liegt, lohnen den Besuch dieser stimmungsvoll in den Wald hineingebauten Stadtanlage. Auch hier werden einem ein paar hundert Peseten als Eintrittsgeld abverlangt, und man kann Repliken der Gottheiten von einst vor dem Betreten der archäologischen Zone erwerben. Das macht um so mehr Spaß, als der Künstler – hauptberuflich Eintrittskartenverkäufer – selbst anwesend ist. Wenigstens ein kleines Figürchen, das vielleicht den Regengott Tlaloc darstellt, kann er an die meisten Besucher verkaufen. Dann aber ist Zeit genug da, um die Stadtanlage zu besichtigen, die aus einem unteren – der Tempelstadt – und einem oberen Teil – der Stadtanlage – besteht. Bauliche Übergangsformen von den Zapoteken zu den Mixteken, die die Stadt noch bis 1500 nach der Zeitrechnung bewohnt haben, sind nicht zu erkennen.

Flug ins Land der Mayas: Chiapas

Zeitlich ist es auf jeden Fall vorteilhafter, wenn man von Oaxaca mit dem Flugzeug weiter-»springt«. Zu lang und zu ermüdend wäre in diesem Fall eine Busfahrt. *Tuxtla Gutierrez* heißt die Hauptstadt des Staates Chiapas, der im Osten schon direkt an Guatemala grenzt. Entsprechend groß sind auch seine Probleme, denn seit Beginn der achtziger Jahre kommen in den ohnehin schon armen Staat Tausende indianischer Flüchtlinge über die Grenze nach Mexiko. Es sind Indios, denen oft auf brutalste Weise in Guatemala das Land weggenommen wird, und die dann keinen anderen Ausweg mehr sehen, als zu ihren Verwandten zu fliehen.

Für den Reisenden bietet Chiapas viele historische Stätten, die es zu besichtigen gilt. *B. Traven* glaubte gar, daß im heutigen Chiapas die Anfänge der menschlichen Kultur überhaupt gelegen haben könnten. Die Mayas dieser Gegend haben den erobernden und plündernden Spaniern besonders heftigen Widerstand entgegengesetzt. Besiegt wurden schließlich auch sie – aber in Gefangenschaft wollten viele von ihnen dennoch nicht gehen, und so stürzten sie sich massenweise von den Felsen in die Tiefe. An den Felswänden, von denen herab sie in den Fluß sprangen, fährt man heute mit dem Motorboot vorbei. An verschiedenen Stellen sind diese Wände bis zu 2000 Meter hoch. Der Sprung von da herunter ist garantiert tödlich. Respekt vor soviel Selbstachtung!

80 Kilometer bis nach San Cristobal de las Casas

Gemeint ist die Strecke von Tuxla bis nach San Cristobal. Hier heißt es aufpassen, denn die Strecke ist sehr kurvenreich, und die Autowracks rechts und links der Straße erinnern an manches zu waghalsige Manöver mexikanischer Fahrkunst. Die Stadt selbst aber muß man genießen, da muß man Zeit haben, um die vielen Häuser mit den geschmückten Balkons eingehend zu betrachten. Die Schaufensterauslagen der Läden in den Arkadengängen sind voll mit den Erzeugnissen der heutigen Zeit: Autos, Fernsehen, Radios. Klar, auch in dieser abgeschiedenen Gegend sollen die Menschen an den Erzeugnissen der »Kultur« teilhaben. Auch ein junger Mann in Las Casas schleppt gern sein riesiges Transistorradio – aufgedreht auf volle Lautstärke – durch die schmalen Straßen. Was soll einer mit einem Toyota in Las Casas? Er fährt fortwährend um den Zocalo oder durch die Straßen, immer wieder! Bleibt brav an den Ampeln stehen, läßt sich bewundern. Was soll man aber auch sonst machen in Las Casas.

Trudi hält Frans' Erbe hoch · Da ist in einer Nebenstraße das Anwesen der Trudi Blom, die sich in rührender Weise um die letzten Urmayas kümmert, die *Lacandonen*. Eine Verpflichtung, die sie von ihrem Mann, dem dänischen Archäologen Frans Blom übernommen hat. Gertrude Duby, wie sie richtig heißt, lebt seit 1940 in Mexiko. In ihrem Haus befindet sich eine stattliche Bibliothek über die Indios in Mexiko und Guatemala, an den Wänden hängen zahlreiche Bilder von einheimischen Lacandonen und natürlich Fotos über Fotos vom Leben der letzten Urwaldmayas, deren Heimat, der Wald, jährlich kleiner wird. Jahr für Jahr hospitieren aber auch junge Leute in ihrem Anwesen, führen die zahlreichen Besuchergruppen herum und beantworten geduldig die vielen Fragen der Reisenden. Wer sich rechtzeitig anmeldet, hat auch die Möglichkeit, in einem der Fremdenzimmer zu übernachten.

Hier ist des Volkes wahrer Himmel: Markt in Las Casas · Keine Frage, der Indiomarkt von Las Casas sollte besucht werden. Unter der warmen Sonne von Chiapas sitzen sie und bieten die Erzeugnisse ihrer kleinen Felder an, die zu winzigen Pyramiden aufgebauten Orangen, die Hühner, die an den Beinen zusammengebunden, fast achtlos, auf der Erde liegen, die Truthähne, nicht zu vergessen die scharfen Chilischoten. Aus welchem Dorf sie kommen, die vielen Indiofrauen, die den Markt so bunt machen, kann man nach einiger Übung an der Kleidung erkennen. Da gibt es die verschieden gefalteten, anders gewebten Kopftücher, die für den Fremden manchmal aussehen, als ob eine zusammengelegte Stoffbahn auf dem Kopf getragen wird, da sind es die besonders eingefärbten Kittel oder die Gürtel. Indiomarkt heißt es, doch die größten Stände haben die Mestizen, und häufig genug sieht man, wie ein Indio drei oder vier Hühnereier aus seinem Poncho zieht, um sie an einen dieser Standinhaber zum Verkauf weiterzugeben. Und dann steht dieser arme Campesino da und wartet. Wartet, ob der Mann hinter dem Stand, dem er die Eier in Kommission gegeben hat, ihm vielleicht vorab ein paar Pesos gibt oder ob er vielleicht eine Besorgung für ihn machen kann. Er steht da, mit seinen ausgebeulten Hosen, barfuß, mit zerschlissenem Poncho, Bartstoppeln im zerfurchten Gesicht – und der andere sieht ihn gar nicht. Für den Mann hinter dem Stand ist der andere Luft geworden. Und wenn dieser Mensch dann endlich weiterschlurft, immer mit etwas eingezogenem Kopf, merkt man ihm nicht mal an, ob er wütend ist, ob ärgerlich. Es ist eben so!

Wieviel Selbstüberwindung muß eine junge Indiofrau, eine Maria, aufbringen, wenn sie mit einem Baby auf dem Rücken, mit einem Kleinkind an der Hand, das häufig wiederum ein noch kleineres an der Hand führt, in einen der an der Plaza liegenden Läden geht. Sie steht mit ihren Kindern in der Ladenecke und wartet bescheiden, bis die Kunden bedient sind. Niemand nimmt sie wahr. Und wenn nach einer Ewigkeit doch endlich der Patron auf die armselige Menschengruppe blickt, dann macht er nur eine Kopfbewegung, die weiter nichts bedeutet als »raus«. Lautlos verschwindet die Frau mit ihren Kindern – um im nächsten Laden das Gleiche zu versuchen: ein paar Pesos zu erbetteln oder etwas zum Essen zu bekommen. Und wenn ein Ladenbesitzer darauf angesprochen wird, wenn man ihn fragt, ob er kein Mitleid kenne, zuckt er nur mit den Schultern. Arm würde jedes Geschäft werden, wenn man etwas gäbe, denn von dieser Sorte – er meint die Mutter mit ihren Kindern – kämen täglich viele. Der Staat sollte endlich einmal etwas dagegen tun oder wenigstens die Polizei, aber die – und es folgt eine Handbewegung zur Stirn. Sollen die doch in ihren Dörfern bleiben. Außer zum Kinderkriegen die einen oder zum Lastentragen die anderen sind die doch zu nichts gut.

Bei den Tzotzilen in San Juan Chamula

Nach dem, was man in San Cristobal gehört hat, kann man eigentlich nur beschließen, sich einmal ein »reines« Indiodorf näher anzusehen. Ganz in der Nähe liegt der Ort San Juan Chamula. Da sollte man einmal hinfahren, aber Vorsicht beim Photographieren, ruft der Ladeninhaber noch nach, das haben die da nicht so gern. Vom Stamme der Tzotzilen sind die Indios, die hier wohnen. Sie sind entfernte Verwandte der Mayas. Gut, die Mayas sind dem Reisenden noch als Kulturvolk bekannt, aber Tzotzilen? Der große Platz, an dem der Bus hält, ist fast leer. Ein paar Stände werden abgebaut, der Markttag ist um die Mittagszeit gerade vorbei. Auf der Erde sitzen noch ein paar Frauen und wollen Websachen – Gürtel, Schals, Tücher, Ponchos – verkaufen. Gleich am Platzrand befindet sich eine halbhohe Mauer, dann wieder ein ziemlich großer Platz und dann eine weiße, sehenswerte Kirche. An Stelle der üblichen reichen Reliefs, die sonst die Kircheneingänge ver-

165

zieren, ist dieser Eingang bunt bemalt und mit kleinen Fähnchen geschmückt. Neben dem Eingang steht eine Bank, auf der sich einige Männer räkeln. Das ist die Dorfpolizei, höre ich, die darauf aufpaßt, daß in der Kirche nicht photographiert wird. Auch diese Männer erkennt man nach einiger Übung. Sie tragen einen weißen ponchoartigen Überwurf aus Schafwolle und als Bewaffnung einen Holzknüppel, an dem sie einen Riemen befestigt haben, damit sie den Knüppel wie ein Gewehr geschultert tragen können. »Photo«, frage ich, und zeige auf meine Kamera. »Mil Pesos«, gibt der durch seinen fast zahnlosen Mund zurück. Sechs Mark für diesen Burschen? Nie! Ich winke ab und gehe weiter. Sicher kann man das Bild später – heimlich – umsonst machen.

Der Boden der Kirche ist mit Kiefernnadeln ausgelegt. Verstreut knien Indios vor einer Kerze oder Kerzenreihe. Andere hocken vor einer der vielen hölzernen Heiligenfiguren, die auf Regalbrettern an den Wänden stehen. Frisch bemalt und sauber angezogen sind die einen, zerkratzt und abgegriffen sind andere. Ich bekomme zugeraunt, daß es gute, böse und ganz böse Heilige gibt. Einige wurden gar mit dem Gesicht zur Wand gedreht, weil irgendein Wunsch nicht in Erfüllung ging und weil es ihm vorläufig verwehrt sein soll, auf die Menschen zu blicken. Und die, die im Kirchenraum vor den Kerzen hocken? Immer wieder hört man den gleichen unverständlichen Singsang, zu dem sich in schwankenden Bewegungen die Körper bewegen. Andere beten lautlos und stieren mit leerem Blick auf irgendeine Stelle im Kirchenraum. Ein Geistlicher? Der kommt nur sonntags aus San Cristobal – und das auch nicht regelmäßig.

Auf der leicht hügeligen Dorfstraße stehen aneinandergereihte Holzbuden. Werkstätten und Lädchen zugleich, oft auch noch Wohnzimmer. Hier werden die unendlich vielen Woll- und Websachen gefertigt und – wenn möglich – auch gleich verkauft. Es ist die Strickkooperative von San Juan Chamula, die hier aus fröhlich schnatternden und strickenden Frauen und Mädchen besteht. Nur wenn sie bemerken, daß sie photographiert werden sollen, wenden sie sich böse ab. Aus Dörfern wie diesem kommen die täglichen Zuwanderer, die auf dem Weg zum vermeintlichen großen Glück in die Großstädte ziehen.

Schon immer wurde den Indiogemeinden das unfruchtbarste Land zugewiesen, so daß sie nie in eine wirkliche Konkurrenz zu den Großgrundbesitzern treten konnten. Im Gegenteil, häufig genug müssen sie sich noch in die Arbeitslisten der Großgrundbesitzer eintragen, um noch ein paar Pesos hinzuzuverdienen. Nach einer erst kürzlich abgeschlossenen Zählung sollen von den über sieben Millionen Landarbeitern Mexikos knapp fünf(!) Millionen arbeitslos sein. Ein weiterer Grund, ihre Dörfer zu verlassen, liegt auch darin, daß dort oft auch nicht der geringste »Komfort« vorhanden ist, manchmal fehlt sogar Elektrizität oder fließendes Wasser, von Schulen oder Krankenhäusern ganz zu schweigen. So ist es kein Wunder, wenn die campesinos in die Städte gehen – und nicht wissen, daß sie dort das riesige Heer der Arbeitslosen noch vermehren.

Auf der Dorfstraße gab es plötzlich Gewühle und Gerangel. Ein mitreisender Freund konnte der Versuchung nicht widerstehen und hatte doch in der Kirche photographiert. Drei, vier Leute der einheimischen Polizei führten einen verbissenen, schweigsamen Kampf um Kamera und Mann, den sie mit sich zerren wollten. Gegen Zahlung eines Lösegeldes konnte er wieder freigekauft werden.

Nur kommen leider die Gelder, die auf diese Weise eingenommen werden, nicht der Gemeinde zugute, sondern sie werden in der nächsten cantina in Mescal oder Tequila umgesetzt.

Flugzeuge aus vierter Hand

Noch ist es eine Art Geheimtip, daß man von San Cristobal wunderschöne Ausflüge in die Wälder der Umgebung machen kann. Wer Mut hat oder genügend Gottvertrauen, kann mit einer alten »Flugmaschine« zu der berühmten Mayastätte *Bonampak* fliegen. Erst 1949 wurden hier farbige Fresken entdeckt, die inzwischen in vielen Büchern zu sehen sind, und die eindrucksvolle Szenen vom religiösen Leben der Maya zeigen. Eine andere Tempelstätte ist die von *Yaxchilan*, die – vielleicht weil sie noch nicht endgültig freigelegt ist – besonders geheimnisvoll wirkt.

Aber auch zum Ausruhen ist diese Gegend wie geschaffen, denn mitten im Urwald befindet sich ein riesiges Seengebiet, die *Laguna Agua Azul*. Zusammen mit vielen Einheimischen, die dieses Gebiet ebenfalls zum Wandern und Baden nutzen, kann man sich an den Ufern der träge dahinfließenden Seen oder nur wenige Meter weiter an wild von den Felsen herabstürzenden Wassern zum Picknick niederlassen. Wer ganz geschickt ist, kann sich in der Mitte des Sees auf einem der aus dem Wasser herausragenden Steine hinsetzen und sich vom Wasser umfließen lassen, während im Hintergrund das Rauschen der Wasserfälle und rechts und links in den Bäumen das Gekreische der Vögel zu hören ist. Die Besitzer der kleinen Obstgärten am Wege bieten saftige Früchte an und Gruppen von »Aussteigern« aus Europa oder Amerika zeigen ihre bei den Indios erlernten Fertigkeiten bei der Herstellung von modischen Ketten oder Armreifen.

Palenque, der Ort

Wiederum muß das Touristenministerium gelobt werden, denn die Straße von San Cristobal nach *Palenque* – ungefähr 200 km lang – befindet sich in einem hervorragenden Zustand. Der Ort Palenque allerdings, in dem die Menschen leben, und die sauber hergerichtete archäologische Zone sind zweierlei.

So werden sie früher alle ausgesehen haben, die in den Urwald hineingebauten Städte: Niedrige Häuser, gepflasterte Straßen, aber aus den Rissen, aus den Schlaglöchern wächst schon wieder das Grün, bricht Mauern und Straßenasphalt auseinander. Der Wald in dieser feuchtheißen Zone gibt sich noch lange nicht geschlagen! Und das Gesprungene reparieren? Dazu scheint die Lustlosigkeit in dieser Region des Landes zu allgemein. Einerseits fehlt es an Geld, und andererseits regnet es viel zu häufig, so daß das eben Reparierte der scheinbar gewaltigen Kraft der unter der Teerdecke schlummernden Pflanzen nach kurzer Zeit schon wieder nachgeben muß.

Was sind das für Leute, die man abends in den Kneipen – wo soll man sonst hingehen – der Stadt trifft? Cowboylike angezogen lümmeln sie an den Theken, braungebrannt, stark. Es sind Männer, die oft tagelang im Urwald Bäume abschlagen, die dort in Zelten oder Baracken leben, ehe sie hierher in die »Stadt« kommen und das sauer verdiente Geld ausgeben. Bei einigen Gruppen hört man auch englische Worte. Das sind dann die kanadischen Spezialisten in Sachen Abholzen. Und was in dieser einsamen Gegend überhaupt nicht vermutet wird: es gibt auch genügend *chicas*, Mäd-

chen, die beim Geldausgeben helfen. Nach spätestens drei Tagen gehen die Männer dann wieder in den Urwald zurück. Der Lohn für die harte Arbeit hat dann vielleicht gerade noch für ein paar Jeans oder für eine neue Axt gereicht. Wozu braucht man »da« auch mehr?

Es gibt einige Übernachtungsmöglichkeiten in Palenque. Ich habe in einem Hotel gewohnt, das mich an die Gefängnisse aus amerikanischen Filmen erinnert hat: ein rechteckiges, nach außen verschlossenes Gebäude. Die Zimmer der beiden Stockwerke gehen von langen Gängen zum Innenhof ab, die Fenster ebenfalls. An dem einen Ende des Ganges befindet sich ein freier Raum, in dem die unvermeidliche zehn oder zwanzig Liter fassende Wasserkugel steht, aus der man sich Wasser zum Trinken oder zum Zähneputzen holen kann. Keimfreies Wasser! Im gegenüberliegenden, ebenfalls zimmerfreien Ende des Ganges machen Marimbaspieler Musik. Musik zum Abendbrot, für das leicht zwei Stunden benötigt werden, dazu »cielito lindo« oder »Cu-cu-rru-cu-cu«, die immer wieder gewünschten »Ohrwürmer«.

Palenque, die Ausgrabungsstätte

Allzuweit liegen Ort und Ausgrabungsstätte nicht auseinander, und selbstverständlich muß die Ausgrabungsstätte besucht werden, denn sie gehört zu den bedeutendsten Zentren der klassischen Mayazeit. Was sich in der Stadt schon andeutete, scheint hier in noch stärkerem Maße der Fall zu sein: der schier unendliche Kampf der Archäolo-

gen gegen den Urwald. Noch ist die alte Mayastadt nicht endgültig freigelegt, was aber schon jetzt zu sehen ist, beansprucht gut einen Tag für eine ausführliche Besichtigung. Allein für den *Tempel der Inschriften*« werden schon Stunden benötigt. Ebenso kann man sich lange im sogenannten »Palast« aufhalten und beispielsweise vor den in seinem Innenhof aufgestellten Reliefs meditieren.

Besonders schön wirkt das Ausgrabungsgelände, wenn nach einem der vielen Regengüsse noch die Erde dampft, oder wenn die tiefhängenden Wolken um die Pyramiden ziehen und die Sonne den noch dichten Wolkenschleier zu durchdringen versucht.

Erst in letzter Zeit scheint es gelungen, etwas Licht in die Entzifferung der Mayazeichen aus dem »Tempel der Inschriften« zu bringen. Dem Deutschen Wolfgang Gockel sind in den letzten Jahren einige erstaunliche Erkenntnisse gekommen, die alles, was bisher über die Mayazeichen, Glyphen, bekannt war, revolutionieren. Diese neuen Erkenntnisse gipfeln in dem Satz »selbst von den Glyphen, die allgemein als entziffert gelten, ist mehr als die Hälfte falsch übersetzt worden«! Man darf gespannt auf die Reaktionen zu diesem Ausspruch sein, denn unwidersprochen werden ihn andere Mayaspezialisten nicht hinnehmen.

Kolossale Kolossalköpfe: La Venta

Vom Staat Chiapas, in dem sich Palenque befindet, geht es weiter zum Staat Tabasco, in dem *La Venta* liegt. Der archäologische Park von La Venta beherbergt in einem Freilichtmuseum die in der Umgebung gefundenen Kolossalköpfe der *Olmeken*. An der Küste dieses Staates landeten zum ersten Mal Spanier und machten Bekanntschaft mit den Indios, wie die Ureinwohner des neu entdeckten Kontinents seither genannt werden. Ein Fluß, der in den Golf von Mexiko fließt, trägt den Namen des Conquistadors *Grijalva*. Zu dieser Zeit, Anfang des 16. Jahrhunderts, wußte man noch nichts von den Olmeken – wer sie waren, woher sie kamen, weiß man bis heute nicht. Es wird vermutet, daß die Olmeken die Begründer der ersten Kultur Mittelamerikas waren. Ihre Entdeckung verdanken sie eigentlich einem Produkt des heutigen Industriezeitalters: dem Erdöl. Man fand die von den damaligen Ein-wohnern, den Olmeken, eingegrabenen steinernen Riesenköpfe und Figuren, während man auf der Suche nach Ölquellen war, die in diesem Staat besonders oft zu finden sind. Auf die Folgen allerdings, die dieser Ölboom auf die Landschaft auslöste, auf die durch das Öl entstandenen Umweltschäden soll hier nicht weiter eingegangen werden. Die Brutalität gegenüber allem, was ursprünglich in dieser Gegend lebte – ganz gleich, ob es sich da um Menschen, Tiere oder Pflanzen handelte – ist unvergleichlich. Die entstandenen Schäden werden wohl niemals wieder gutgemacht werden können!

Um aber wieder auf die gefundenen Köpfe zurückzukommen, von denen ein besonders schönes tonnenschweres Exemplar auch im Anthropologischen Museum der Hauptstadt steht, weiß bis heute niemand, welchem Zweck sie dienen sollten und warum sie eines Tages vergraben wurden. Ja, man weiß noch nicht einmal, ob die Gesichter, die aufgeworfenen Lippen, die asiatisch wirkende Augenstellung, überhaupt Abbilder der Olmeken sind!

Auf ins Hennequén-Land

Nur wer sehr viel Zeit hat, wird die Fahrt von Villahermosa nach Yukatan, in die Städte *Campeche* und *Merida* mit dem Auto machen, um von einer dieser Städte aus die vielen Sehenswürdigkeiten auf der Halbinsel zu besuchen. Der neugierige, eilige Reisende fliegt von Villahermosa nach Merida und ist in knappen zwei Stunden dort. Mit dem Auto dauert die Fahrt nur unwesentlich länger, denn die längsten Aufenthalte gibt es erfahrungsgemäß auf mexikanischen Flughäfen. Für den aus dem feuchten, nebligen Nordeuropa kommenden Reisenden ist es ungewohnt, wenn er hier im Dezember noch eine tropische Wärme vorfindet, die sich nur abends durch einen leichten, vom Meer kommenden Wind abkühlt.

Zwischen den beiden Städten Campeche und dem damals alles beherrschenden Merida, der Hauptstadt Yukatans, gab es einst ständigen Streit um die Vorherrschaft. Als dieser endlich beigelegt war, gab es zwei Staaten und zwei Hauptstädte, denn Campeche wurde nun die Hauptstadt des Staates Campeche, wobei es mit Seehafen und Flugplatz sogar noch einige urbane Vorteile gegenüber Merida hat. Unglaublich wie beide Städte durch das Hennequén, der aus der Agave gewonnenen Faser, reich geworden sind. Für den historisch Interessierten ist Campeche ein guter Ausgangspunkt zu den Zeremonialzentren der klassischen Mayazeit, die um die Zeit von 200 bis 900 n. Z. einzuordnen sind.

Beginn oder Ende einer Prozession

Eines dieser Zentren heißt *Labna*, wo noch ein besonders gut erhaltener Torbogen steht. Nicht weit davon entfernt befindet sich der Mayaort *Sayil* mit einem dreistöckigen Palast, an dessen über 40 Meter langer Fassade unendlich viele Masken oder Gesichter des Regengottes Chac zu sehen sind. Leider sind die meisten der rüsselförmigen Nasen des Gottes inzwischen abgebrochen.

Gegenüber dieser Sehenswürdigkeit, auf der anderen Seite der heutigen Asphaltstraße, steht ebenfalls ein Torbogen, von dem man sagt, daß er Beginn oder Ende (?) der Zeremonialstraße nach *Uxmal* gewesen sein soll, dem sicher bedeutendsten Ort aus der Mayazeit im Staate Yucatan.

Immer wieder taucht in Zusammenhang mit den Mayabauten der Begriff »*Puuc*«-Stil auf, so daß es an der Zeit ist, einmal näher darauf einzugehen. Am besten kann man diesen Baustil in Uxmal erkennen, der Stadt aus der spätklassischen Mayazeit. Fast immer handelt es sich um langgestreckte Gebäude, die häufig um einen Innenhof gruppiert sind, wie man es hier am besten beim Gouverneurspalast und dem sogenannten Nonnenkloster sehen kann. Bei dem Namen Puuc handelt es sich übrigens um eine Hügelkette im westlichen Yukatan, die diesem Baustil ihren Namen gab. In diesem Stil erbaute Gebäude erkennt man an den Schmuckfriesen in der oberen Hälfte einer Fassade, während der untere Teil aus glatten Wänden besteht. Lange Zeit kann mit der Betrachtung der vielen Darstellungen verbracht werden, die sich auf dem verzierten oberen Gebäudeteil befinden, unter denen Mäanderbänder und Schlangendarstellungen am häufigsten sind. Besonders bemerkenswert ist, daß sich in den Fassaden des Nonnenklosters verschiedentlich Darstellungen von Häusern befinden, wie sie auch heute noch von den Nachkommen der Maya gebaut werden.

Mayas oder Tolteken, wer erbaute Chichén Itzá?

Absichtlich habe ich eine der wichtigsten Ruinenstädte an den Schluß gestellt: Chichén Itzá. Und obwohl der Ort mitten im Mayagebiet – in Yukatan – liegt, ist es trotzdem kein reiner Mayaort. Die eigentlichen Begründer Chichén Itzás, so wie es sich heute darstellt, waren die Tolteken aus Zentralmexico, denn die wenigen Baureste aus der klassischen Mayazeit (in der Nähe des sogenannten Observatoriums) werden kaum beachtet. Die Tolteken sollen einst von fremden Stämmen aus ihrer Urheimat Tula vertrieben worden sein und setzten sich auf der Suche nach einer neuen Heimat in Yukatan fest. Schon seit Jahrhunderten hatten sie mit den verschiedenen Städten der dort lebenden Maya Handel getrieben. Nun, etwa in der Zeit von 950–1000, kamen sie und vertrieben die Maya, die den Höhepunkt ihrer Macht in dieser Gegend ohnehin längst überschritten und dieses Gebiet größtenteils schon verlassen hatten. Im gleichen Stil wie ihre alte Hauptstadt Tula erbauten sie hier eine neue Hauptstadt, die sie Chichén nannten, »Stadt am Rande des Brunnens«. Der Zusatz Itzá kam erst ungefähr 200 Jahre später hinzu, als wiederum neue Stämme – die sich Itzá nannten – in Yucatan auftauchten und sich hier ansiedelten.

Die Pyramide des Kukulcan · Im Mittelpunkt einer außerordentlich gut gepflegten Anlage steht die Pyramide des Quetzalcoatls oder des Kukulcan, wie er bei den Maya genannt wurde. Für die Spanier, die stets darauf bedacht waren, das Christentum zu verbreiten, waren allein schon die fremden Götternamen ein Graus, und so nannten sie diese Pyramide einfach »El Castillo«. Stolz wird man von jedem mexikanischen Reiseleiter beim Rundgang um die Pyramide auf die Kenntnisse des Kalendersystems hingewiesen, die ihre

Erbauer gehabt haben müssen. Die 91 Stufen, die von jeder der vier Seiten zum Tempel nach oben führen, ergeben zusammen mit dem Tempel die Zahl 365 und entsprechen den Tagen des Jahres. Oben angelangt, hat man eine phantastische Aussicht auf das gesamte Gelände, besonders aber auf den gegenüberliegenden »Kriegertempel«, der von vielen Säulen umgeben ist. Längst haben die Archäologen festgestellt, daß der *Kriegertempel* genau der sogenannten Pyramide B in Tula nachgebildet worden ist. Und auch der auf der Plattform sitzende »*Chac Mool*« ist eine rein toltekische Erfindung, wie man ihn ebenfalls in Tula finden kann. Welche Bedeutung diese so eigenartig geformte Figur hatte, und ob die auf seinen Knien liegende Schale für geopferte Menschenherzen bestimmt war, weiß niemand mehr zu sagen. Eigentlich widerspräche die Zeremonie des Menschenopfers den Gedanken Quetzalcoatls, dessen ständiger Kampf gegen die Priesterschaft, die für die Beibehaltung des Menschenopfers war, ja auch zu seiner Flucht aus Tula geführt hatte.

Ein tödliches Spiel? · Auch der *Ballspielplatz* von Chichén Itzá muß erwähnt werden, denn ein Spielplatz in diesen Ausmaßen findet sich nirgends wieder. Die den Platz begrenzenden Längsmauern sind über achtzig Meter lang und, zumindest an einer Seite, noch über neun Meter hoch. An den beiden Enden des Platzes steht je ein Tempel. Die Reliefs an den Wänden verraten neben vielen anderen Dingen auch die Kleidung der Spieler. Die in den Wänden eingelassenen Steinringe, sechs Meter über der Erde, zeigen, wo der Hartgummiball durchgeschossen werden mußte. Verschie-

dentlich sieht man auf den Reliefs auch die Opferung von Menschen, was dahingehend gedeutet werden könnte, daß die verlierende Partei nicht nur das Spiel, sondern auch ihr Leben verlor.

Eine schwarze Mauer, »Tzompantli«, in der Nähe des Ballspielplatzes zeigt die Reliefs von vielen Totenschädeln. Wurde an dieser Stelle die Verliererpartei geopfert? Dann wäre die Verbindung zu den Reliefs an den Wänden des Ballspielplatzes hergestellt. Das wäre dann ein Spektakel wie im Alten Rom!

Etwas abseits vom gesamten Gelände steht das wegen seines im Inneren gewundenen Treppenaufganges so genannte *Schneckenhaus* »El Caracol«, das vielleicht zu astronomischen Beobachtungen diente.

Noch eine Art des Opferns: Tod durch Ertrinken? · Von den gepflegten Rasenflächen Chichén Itzás weg begibt sich der Besucher zu dem 200 Meter entfernt liegenden Opferbrunnen, dem »*cenote*«. Schaudernd steht er am Rand eines in den Kalkstein geschlagenen Brunnens. Hunderte Jungfrauen sollen hier geopfert worden sein, Schätze sollen hier versenkt worden sein. Es ist klar, daß man diesen Gerüchten im wahrsten Sinne des Wortes auf den Grund gehen mußte. Der Brunnen wurde eines Tages leergepumpt. Schätze fand man keine. Und ob die paar Skelette auf dem Brunnengrund Opfer waren, muß bezweifelt werden. Sicherlich handelt es sich dabei nur um Unfälle oder um Lebensmüde. Aber es paßt eben in das Bild, das wir uns von den Indios machen, daß sie auch hier Menschen geopfert haben – und irgendwie muß man ja die Vernichtung der Mayas und der mexikanischen Kulturen erklären.

Mit soviel Erfahrenem verläßt man das Gebiet der alten Stadt Chichén Itzá. Gleich außerhalb des Geländes stehen die vielen Souvenirverkäufer mit Tausenden nachgebildeten Gips-Chac-Mools oder Pyramiden aus Stein oder Gips. Mit verschiedensten Motiven bedruckte T-Shirts können erstanden werden, Indiomädchen verkaufen Apfelsinen, die sie viel lieber selbst essen würden. Die Wirklichkeit reißt einen brutal wieder aus den Träumen des eben erst Gesehenen.

Handelsstadt am Meer: Tulum

Der am dünnsten besiedelte Staat Mexikos heißt Quintana Roo und liegt am Karibischen Meer. Er ist auch einer der ärmsten Staaten Mexikos und hat doch eine große Vergangenheit. Eine der vielen Mayastädte in diesem Gebiet war die Stadt Tulum. Einige steinerne Gebäudereste sind noch in einem guten Zustand, und wir wissen aus alten Schriften, daß in dieser Stadt über viele Jahre hindurch Mayas und Spanier miteinander Handel trieben und friedlich nebeneinander gewohnt haben. Längst ist die archäologische Zone nicht so spektakulär wie die riesigen Flächen beispielsweise in Uxmal oder in Chichén Itzá. Gebäudetypen und Reliefs zeigen oft fremdartige Darstellungen, wie etwa beim »Tempel des herabstürzenden Gottes« oder wie das Relief mit einem Menschen auf einem vierbeinigen Tier, das vielleicht einen Spanier darstellt. Die Wohnhäuer dieser Stadt sind natürlich längst verfallen, denn in diesen warmen Gegenden baute man Steinhäuser nur zu religiösen Zwecken, während die Bewohner der Stadt in Schilf- oder Bambushütten gelebt haben, von denen nichts mehr übrig geblieben ist. Die ganze Stadt wurde erst in der Mitte des vergangenen Jahrhunderts im Urwald entdeckt und freigelegt, was man sich eigentlich gar nicht vorstellen kann, denn heute ist weit und breit kein Wald mehr zu sehen.

Besonders für die vielen Badegäste aus dem nahegelegenen *Cancun* ist Tulum ein beliebter Ausflugsort, denn man kann gewissermaßen im Vorbeigehen noch etwas Geschichte erhaschen und zwischen den Ruinen spazieren gehen.

Touristenzentrum an der Karibikküste: Cancun

Das Gegenstück zu Acapulco, das an der Pazifikküste liegt, ist Cancun an der Karibikküste. Für das mexikanische Touristensekretariat ist es ein vielversprechendes und in die Zukunft weisendes Projekt. Der kleine Ort Cancun hat sich inzwischen zu einem Torremolinos der Karibik entwikkelt. Besonders für amerikanische Touristen ist er leicht zu erreichen und bietet eigentlich alles, was der Urlaubsuchende benötigt. Vom Baden bis zur Hochseefischerei, von Essen und Trinken der typischen Gerichte und Getränke dieser Region bis zu den schon oben beschriebenen Ausflügen zu den Mayastädten. Doch letztlich ist mit der Entwicklung dieses Ferienortes auch viel verlorengegangen, denn sicherlich lebten auch hier Schildkröten und viel mehr Fische und Vögel. Sicherlich gab es auch hier Eingaben der Naturschützer.

Vergeblich, genauso vergeblich wie es die Versuche die Natur zu schützen in anderen Teilen der Welt waren. Wie schon gesagt, heute gibt es hier alles, was ein Urlauberherz erfreuen kann, vom Luxushotel mit eigenem Strand (wie in Acapulco) bis zu den preiswerteren Unterkünften in der Innenstadt, von »Kulturveranstaltungen« bis zu »Dampferfahrten« zu der gegenüber dem Badeort liegenden *Isla de mujeres* (pro Schiff 200 bis 400 Passagiere), Discos, Bars und die erwähnten Sportmöglichkeiten. Ein Paradies für Touristen!

Besuch in einem Mayadorf: Kantunil

Auf dem Flug von Mexiko nach Guatemala habe ich einige Stunden Zeit, um über viele Dinge, die ich in Mexiko gesehen und erlebt habe, nachzudenken. Besonders denke ich an die Menschen, die die Städte und Dörfer um die heutigen archäologischen Zonen bewohnen.

Da ist das Dorf *Kantunil*, das nur wenige Kilometer von Chichén Itzá entfernt liegt. Es hatte sich gelohnt, hier einmal anzuhalten und es zu besuchen. Nicht viel anders wird früher eine Mayasiedlung ausgesehen haben. Die meisten Häuser sind aus luftgetrockneten Ziegeln, adobe, erbaut. In anderen Fällen wurden Bretterwände einfach mit Lehm beworfen und mit Palmenblättern bedeckt. Nur ganz wenige Häuser sind aus gebrannten Ziegelsteinen gemauert. Die einzelnen Grundstücke oder besser Parzellen sind mit einer Kakteenhecke voneinander getrennt, die eigentlich nur dazu dient, die Haustiere von dem Über-

schreiten der »Grenzen« abzuhalten. Die Bewohner sind freundlich und machen mit Gesten verständlich, daß ich in das Innere des Hofes kommen soll. Gern mache ich davon Gebrauch. Auf dem sandigen Hof stolzieren einige Truthühner und lassen von Zeit zu Zeit ihre eigenartigen Rufe ertönen, ein paar Schweine grunzen, ein Maulesel steht an einen Pfahl gebunden und wartet auf die nächste Last. Er steht da als Gebrauchsgegenstand wie bei uns die Fahrräder. Sein Gefährte bewegt sich mit zusammengebundenen Beinen vorwärts und sucht auf dem kahlen Boden nach etwas Freßbarem. In einer Hofecke sitzt eine junge Frau und bereitet Teig für die unvermeidlichen Tortillas, die dann auf einem Blech auf einem Ziegelsteinofen gebacken werden. Ich gehe in einen Raum mit Fliesenboden. Mobiliar? Nicht vorhanden. An der Wand über der Tür hängen ein paar Bilder aus Illustrierten. Von einigen Haken hängen aufgewickelte Schnüre herunter. Schnüre? Die freundliche Frau erklärt mir, daß das Hängematten (Chamacas) sind, die abends von einer Wand zur anderen gespannt werden. Ich befinde mich im Schlafzimmer. Im anschließenden Küchenraum befindet sich in der Hauptsache ein gemauerter Ofen. Die Wände sind weiß gekalkt, über dem Ofen sind sie schwarz vom Ruß. Das weitere Mobiliar besteht aus einem Tisch, drei unterschiedlichen Stühlen, ein paar Holzkisten, die ebenfalls als Sitzmöbel dienen.

Wieder im Hof, werde ich schon von einer ganzen Reihe Kinder und Jugendlicher erwartet. Alle haben sich aufgestellt und betrachten nun ihrerseits neugierig den Fremden, der ihr kleines Anwesen besucht. Der Vater und die beiden ältesten Söhne seien schon seit dem frühen Morgen auf dem Feld, das sich einige Kilometer außerhalb des Dorfes befindet. Besonders fruchtbar sei es nicht, und Wasser gäbe es überhaupt nicht. Der angebaute Mais und die Bohnen müßten sehen, wie sie mit dem bißchen Regen auskommen. Wie denn das Feld bestellt wird, frage ich, mit dem Pflug oder mit dem Traktor? Noch heute sehe ich den staunenden Blick der Frau vor mir. Ihr Feld läge an einem Hang und kann schon deswegen nur mit Hacke und Spaten bearbeitet werden. Es ist eine erbärmliche Schinderei! Aber immer muß so viel aus dem Acker herausgeholt werden, daß man sich wenigstens die notwendigsten Dinge aus dem Ernteerlös kaufen kann. Die notwendigsten Dinge? Ja, Kerzen eben oder ab und zu eine Glühbirne, die dann an einer Schnur von der Decke hängt oder eine Plastikschüssel. Und schließlich will man mit der Welt verbunden sein, und wenn

es schon nicht für einen Fernsehapparat reicht, dann doch wenigstens für die Batterien des Transistorradios. Aber, klagt die Frau, die Erträge werden von Jahr zu Jahr geringer, weil der Boden keine Zeit mehr zum Ausruhen hat. Selbst bei denen, die sich zu *ejidos*, den bäuerlichen Gemeinschaften, zusammengeschlossen haben, gehen die Erträge immer mehr zurück, wobei die sich wenigstens ab und zu den teuren Kunstdünger kaufen können. Wieder ein Grund mehr, klagt die Frau weiter, daß immer mehr Männer in die Städte gehen, um dort mit »irgendwelchen« Geschäften ein paar Pesos mehr zu verdienen. Dem großen Wunsch der zwanziger Jahre nach Land ist inzwischen abgeschworen worden. Viele der einstigen Gemeinschaftsfelder, besonders auf der Halbinsel Yucatan, sind wieder aufgelöst und zu *ejidos individuales*, von einzelnen Familien bebautes Land, umgewandelt worden. Den Bauern von heute sind aber auch noch andere Feinde entstanden. Durch Zusammenlegung von Feldern oder durch Wechsel der Regierungspolitik haben einige es wieder geschafft, an größere und vor allem fruchtbarere Felder heranzukommen, die sie aber nicht für den Anbau von Nahrungsmitteln, sondern hauptsächlich als Viehweiden nutzen. Der Nachbar Amerika hat einen Riesenbedarf an Fleisch, und die Geschäfte mit ihm sind für den einzelnen lohnender als der Anbau von beispielsweise Mais, Bohnen oder Kürbissen, den Grundnahrungsmitteln mexikanischer Bauern. In letzter Zeit ist es deswegen zwischen Kleinbauern und Viehzüchtern immer öfter zu Auseinandersetzungen gekommen, weil diese nicht einsehen, daß fruchtbares Land nicht bebaut werden soll.

Fünf Millionen Lachen erwarten Sie: Guatemala

Guatemala wirbt mit der Freundlichkeit seiner Menschen. Mit Recht. Guatemala wirbt auch mit der großartigen Hinterlassenschaft der Mayas. Ebenfalls mit Recht! Schließlich wirbt Guatemala auch mit seinem Klima, dem, so kann man mit Recht sagen, ewigen Frühling.

Grund genug also für jeden, der von den Mayaruinen Yucatans begeistert war, nun auch noch den »kleinen Sprung« bis nach Guatemala zu machen. Allerdings, so leicht, wie ich mir das vorgestellt hatte, ging das nicht, denn um nach Guatemala zu kommen, mußte ich zuerst wieder von Yucatan nach Mexico City zurückfliegen. Bei anderen Reisen habe ich Guatemala dann »direkt« besucht.

Manchmal beneide ich meinen schwedischen Freund Leif, der schon seit Jahren dem kalten Norden den Rücken gekehrt hat und sich in Guatemala City niedergelassen hat. Von Zeit zu Zeit begleitet er Reisegruppen – »aber nur weil es mir Spaß macht«, versichert er –, von Zeit zu Zeit fährt er aber auch nur mit Freunden durch das Land. Er erwartet mich dann auch am Flughafen, und nach der üblichen Frage »wie geht's Euch in Europa«, fahren wir mit seinem Ranch Rover los. Meine Gegenfrage nach dem Leben hier in Guatemala wird ebenfalls zufriedenstellend beantwortet. Ich erzähle ihm, daß man, zumindest in

Deutschland, nicht viel über Guatemala hört. Höchstens, wenn mal wieder ein Wirbelsturm das Land verwüstet, wenn es eine Mißernte gibt, na, und daß Menschen verschwinden, gefoltert werden, was eben so berichtet wird. Leif winkt ab – und ich will eigentlich auch gar nichts darüber wissen. Probleme habe ich zu Hause genug.

Leif erzählt, daß Deutschland, von Guatemala aus gesehen, auch nicht gerade friedlich aussieht mit seinen politischen Skandalen, mit seinen Geiselnahmen, Demonstrationen und Überfällen. Recht hat er, denke ich.

Wir sind inzwischen an einem kleinen Platz angekommen, auf dessen Mitte sich ein großes, von einem Eisenzaun umgebenes Relief befindet. Es ist die Nachbildung Guatemalas im Kleinformat, und Leif erklärt die Berge, Flüsse und Städte. Bei dieser Gelegenheit erfahre ich, daß Guatemala der drittgrößte Staat Mittelamerikas (»Centroamerica« steht auf den Autokennzeichen) ist. Seine unmittelbaren Nachbarn sind Mexiko, Honduras und Belize. Lächelnd erklärt er mir, daß die Belizener die Guatemalteken für besonders kriegerisch halten und fürchten, daß die sich eines Tages zumindest ihre ehemalige Südprovinz Toledo wieder holen wollen. Vielleicht ist das tatsächlich ein kleiner Krisenherd der Zukunft. Aber auch vom Wasser wird Guatemala begrenzt, nämlich im

Weg nach Tikal

So gerade, wie die Straße aussieht, war der Weg von Flores nach Tikal nicht. Es ist auch erst ein paar Jahre her, daß Tikal auf diese Weise besucht wird, denn vorher landete man mit dem Flugzeug – von Guatemala City kommend – in unmittelbarer Nähe des Ruinengeländes. Es wurde aber bald festgestellt, daß den alten Mayabauwerken die Erschütterungen, die Start und Landung hervorriefen, nicht bekamen.

Seither fährt man von Flores aus mit dem Auto.

Das nur zufällig photographierte – damals noch beim Ruinengelände stehende – Flugzeug existiert schon nicht mehr, denn wenige Wochen nach dieser Aufnahme stürzte es über dem dichten Dschungel um Tikal ab. Keiner der Insassen, Einheimische wie Touristen, überlebte!

Die Panne des Ranch Rovers auf dem Weg zum Ruinengelände ist daher auch eher zeitraubend und zeigt die Probleme auf, die entstehen, wenn in einer so menschenleeren Gegend plötzlich die Autobatterie leer ist. Dadurch bietet sich dem ungeduldigen Reisenden Gelegenheit, einmal nur das Nebensächliche zu photographieren, nämlich den Ein- und Ausbau einer Autobatterie oder den endlos erscheinenden Weg einer India mit ihren Kindern.

Doch auch der Weg zu Fuß ist gefahrvoll, denn es kann passieren, daß auf jenen Pfaden, die zum Ausgrabungsgelände führen, eine der ca. 20 cm langen, grünen Korallenschlangen den Weg kreuzt. Vorsicht ist hier geboten, denn ein Biß von ihr kann tödlich sein, kann zumindest in dieser abgelegenen Gegend zu ernsthaften Komplikationen führen.

Tikal

Schon vom Flugzeug aus waren die Pyramidenspitzen Tikals zu erkennen, die noch aus dem grünen Teppich 40 bis 50 Meter hoher Urwaldriesen hinausragten. Tikal, der »Ort, an dem Geisterstimmen ertönen«, wie die jetzige Übersetzung lautet, ist die größte Mayastätte, und mit der über 60 Meter hohen Pyramide IV (archäologische Kennzeichnung) hat Tikal auch das höchste präkolumbianische Gebäude. Michael D. Coe, ein amerikanischer Mayaspezialist, spricht ausdrücklich davon, daß man bei keiner dieser Maya-»Städte« von Städten in unserem Sinne sprechen kann, weil die Gehöfte oder zufälligen unsystematischen Zusammenballungen von Gebäuden viel zu sehr von der Beschaffenheit des Bodens abhängig waren. Die starken Regenfälle in diesem Gebiet führten häufig zu Überschwemmungen, was dazu führte, daß die verschiedenen Gebäude auf Erhöhungen erbaut wurden. Auf dem fast 20 km² großen Gelände Tikals – von der Regierung Guatemalas als Naturschutzgebiet ausgegeben – wurden bisher an die 3000 Gebäude aller Art freigelegt, von Pyramiden, Regierungsgebäuden bis hin zu den Grundrissen der Wohnhäuser. Bei der darauf basierenden Hochrechnung kam man auf eine Zahl von 10 bis 15 000 Einwohnern. Festzuhalten bliebe noch, daß in Tikal Baureste gefunden wurden, die ungefähr auf das Jahr 200 v. Z. zurückgehen, und daß sich unter den über 200 gefundenen Stelen eine mit einer Datierung aus dem Jahre 292 v. Z. befand, die mit dieser Zeitangabe die älteste Tikals ist. Warum Tikal etwa im Jahre 900 n. Z. von seinen Bewohnern verlassen wurde, weiß bis heute niemand. Die Pyramide I auf dem gepflegten Ausgrabungsgelände Tikals ist sicher eine nähere Betrachtung wert. Zur richtigen Jahreszeit besucht, wenn sich

der Himmel blau über den Pyramiden wölbt und wenn man endlich den beschwerlichen Aufstieg über die viel zu schmalen, ausgetretenen Stufen geschafft hat, ist der Blick von oben ein wirkliches Erlebnis. Oder ist es dann gar nicht die richtige Zeit? Möglicherweise standen die weisen Männer Tikals eher nachts hier oben, um in sternenklaren Nächten den Himmel zu beobachten, Erkenntnisse zu sammeln, die sie dann später mit den Gelehrten anderer Orte austauschten? Von astronomischen Kongressen ist in *Copán*, in Xochicalco und anderen Orten die Rede! Wurde hier nach derartigen Studien der Kalender »erfunden«? Denkbar wäre das! Der Lauf der Gestirne beschäftigte seit jeher die Menschen. Oder wollten Priester oder Weise dem Himmel einfach nur näher sein, näher als die 60 Meter unter ihnen lebenden »gewöhnlichen« Menschen, die diese geheiligten Tempelhöhen nie betreten durften?

Den Weg von einer Pyramide zur anderen, vorbei an der Akropolis, läuft man über teppichweichen, sauber gepflegten Rasen, was zwar sehr angenehm, historisch aber leider nicht korrekt ist. Dieser Platz, einst Hauptplatz des Zeremonialteils der Stadt, hatte vormals keinen Rasen, sondern war gepflastert und in bestimmte Segmente eingeteilt, auf denen sich die Würdenträger der verschiedenen Quartiere und deren Gefolge versammelten, um zur Ehre irgendeines Gottes oder Priesters eine der häufigen Prozessionen zu veranstalten. Gefiel das der Bevölkerung nicht mehr? Eines Tages wurden viele Stelen mit den Darstellungen von Würdenträgern mutwillig zerstört, wie die auf S. 179 gezeigte, die heute vor der Akropolis steht.

Lago Petén Itzá

Von den Itzá ist hier im Tiefland wieder die Rede, die gegen Ende des 12. Jh. aus Chichén Itzá vertrieben wurden und sich hier niederließen. Auf der im See liegenden Insel erbauten sie ihre Hauptstadt Tayasal, die heute *Flores* heißt. Erzählt wird gern die Geschichte von jenem Pferd, das Cortés als großzügiges Geschenk bei den Mayas ließ, ehe er weiter nach Honduras zog. Die überglücklichen Indios verehrten das ihnen bis dahin unbe-

kannte Tier als Gottheit und gaben ihm die schönsten Blumen und zartesten Vögel zum Fressen. Das Pferd ließ jedoch diese ungewohnten Köstlichkeiten unberührt und starb. Die Indios meißelten ihm ein steinernes Ebenbild, das später beim Transport zum Festland leider in den See fiel. Die Unglücksstelle wird dem Besucher noch heute gezeigt – und besonders wenn am frühen Morgen die Nebel steigen und der See in der aufgehenden Sonne spiegelglatt daliegt, soll man auf seinem Grunde das Pferd erkennen können.

Flores ist heute durch einen Damm mit dem Festland verbunden, auf dem sich die Stadt auch weiter ausbreitet. An den Ufern des Sees sind häufig die typischen Mayahausformen zu sehen, wie sie schon als Relief auf den Friesen von Uxmal zu erkennen waren.

Von Flores aus sind auch die fast schon wieder vergessenen Mayaorte von *El Ceibal* (oben) am Rio de la Pasion und von *Lamanai*, das in einer Bootsfahrt auf dem Rio Nuevo (Belize) besucht werden kann, zu erreichen. Besonders diese Fahrt auf den fast unberührten Flußarmen, entlang den mit dichten Mangrovenwäldern bestandenen Ufern, ist sehr empfehlenswert.

183

Flores

Erst 1697 wurden die hier lebenden »Tiefland-Mayas« von den Spaniern endgültig besiegt. Sie verloren zu einem Zeitpunkt ihre Freiheit, als die übrigen Indios Yucatáns und Guatemalas längst besiegt waren und für die neuen spanischen Herren »bis zum Verrecken« arbeiten mußten. Die Spanier schafften den alten Namen Tayasal

ab und nannten den Ort Nuestra Señora de los Remidios y San Pablo de los Itzaes. Erst viel später wurde dieser viel zu lange Name in Flores umbenannt. Seit der Ort zum Ausgangspunkt für Ausflüge zu den verschiedenen Ruinenorten der Mayas geworden ist und seit in seiner Nähe ein Flugplatz errichtet wurde, erwacht er aus seinem bisherigen Dornröschenschlaf.

Wie immer steht auf dem höchsten Punkt der Stadt die Kirche. Sternförmig gehen von hier die Gassen mit den niedrigen Häusern ab, die am Ufer häufig in auf Stegen stehenden Wellblechhütten enden.

185

Chichicastenango

Wer am Freitag oder Samstag nach Chichicastenango kommt, wird kaum etwas Besonderes an der über 2000 Meter hoch gelegenen Stadt finden. Chichicastenango ist ein, wenn nicht der, Hauptort der Hochlandmayas und die, die hier und in der weiteren Umgebung wohnen, sind vom Stamme der *Quiché*. Am späten Samstagnachmittag aber, wenn die über 400 Jahre alte Kirche *Santo Tomás* von der untergehenden Sonne angestrahlt wird, ändert sich das Bild. Die Stände für den jeden Sonntag stattfindenden Markt werden errichtet, und in den Nebenstraßen sitzen bereits viele Händler mit ihren Waren, um bei Tagesanbruch den für sie günstigsten Platz zu beziehen. Aus der umliegenden Gegend kommen die Indios, um als Händler oder Käufer am Markt teilzunehmen, um sich zu treffen oder um die letzten Neuigkeiten auszutauschen.

Der fremde Besucher benötigt erst einige Zeit, um die vielen Dinge unterscheiden zu lernen. Beispielsweise sind unter den ganz normal gekleideten Kirchgängern auch Männer in der für den Ort typischen Tracht zu sehen, die hauptsächlich durch eine turbanartige, schwarzgrundige und mit bunten Stikkereien versehene Kopfbedeckung auffallen. Sie tragen kurze schwarze Jakken, die ebenfalls bunt bestickt sind. Auch vor den Ständen mit den vielen *Masken* sollte man etwas verweilen und sich die dargestellten Formen ansehen. Sehr häufig werden die hellen Gesichter der spanischen Eroberer gezeigt. Besonders beliebt ist hierbei die Maske Pedro Alvarados, dessen blondes Haar und Bart ihm bei den Indios den Namen Tonatio, Sonne, eingebracht hatte. Die wenigen Tiermasken hingegen gehören noch zur

vorspanischen Zeit und fanden –
meist – bei der Aufführung von
Fruchtbarkeitstänzen Verwendung. In
einem größeren Steinhaus werden Masken und Kostüme aufbewahrt und an
Festtagen an Gruppen verliehen.
Manchmal läßt der Besitzer des Hauses
seine kostümierten Kinder zur Ton-
bandmusik tanzen.

Fuß der Treppe ein *Altar*, auf dem besonders an Feiertagen ein Feuer brannte, an dem die Indios ihre mit Copalharz – einer Art Weihrauch – gefüllten Behälter entzünden. Die rauchenden Behälter werden unablässig geschwenkt, während der Indio dabei seine Götter anbetet. Erst danach begibt er sich in die Kirche, wo er sich bekreuzigt und – soweit es sein Geldbeutel zuläßt – eine oder mehrere Kerzen opfert. Einen halbstündigen Fußweg von der Kirche entfernt, kann eine noch viel ältere, steinerne Gottheit, der *Pascual Abaj*, besucht werden. Die um das Idol herumliegenden Steine *und* Kreuze sind rußgeschwärzt. Das Idol ist ein hoher, kantiger Stein mit einem primitiv eingearbeiteten Gesicht. In manchen Nächten versammeln sich an diesem nur über einen schmalen Serpentinenweg zu erreichenden Platz Indios, um im Widerschein des Feuers zu beten und den Gott mit Blumen oder Blüten zu schmücken. Für den Fremden eine geheimnisvolle Szenerie.

Der breite Treppenaufgang, der heute zur Kirche Santo Tomás, des Schutzheiligen von Chichicastenango, führt, war in alten Zeiten der Aufgang zu einem indianischen Heiligtum. Wie auch in alten Zeiten befindet sich am

189

Sololá

Stolz schwingt in der Stimme eines Indios mit, wenn man nach seiner Stammeszugehörigkeit fragt und er antwortet, daß er ein *Caqchiquel* sei. Seine Vorfahren hatten sich mit am längsten gegen die Spanier gewehrt und wurden endgültig erst 1530 von ihnen besiegt. Wiederum war es der kriegserfahrene Pedro de Alvarado, der den Sieg davontrug und die tapferen Caqchiquels tributpflichtig machte. Sololá liegt direkt an der wichtigen Verkehrsstraße, die von Guatemala City nach Norden führt. Der Ort liegt etwas über 2000 Meter hoch.

Auch auf diesem freitags stattfindenden Markt ist das Angebot an Obst
und Gemüse groß, und die Kohlköpfe,
die vielen Kartoffelsorten und die
Zwiebeln sind auch dem europäischen
Besucher vertraute Nahrungsmittel.

Die Indiofrauen prüfen das Warenangebot genau, ehe sie sich zum Kauf
entschließen, während die auf ihrem
Rücken »befestigten« Kleinstkinder ein
eigenständiges Leben zu führen scheinen.

Leider werden die typischen, handge-
machten Sombreros immer seltener,
weil sie auch von den sonst taditions-
bewußten Indios mehr und mehr gegen
amerikanische Baseballmützen ausgetauscht werden.

191

Atitlán-See

Wenn ich die Wahl hätte, würde ich mein Leben für immer hier verbringen. Der Fremdenverkehrsslogan des Landes »Kommen Sie zu uns, fünf Millionen Lachen erwarten Sie«, trifft hier genau zu. Nirgends auf der Welt habe ich so viele freundliche, hilfsbereite, lachende Menschen angetroffen wie bei den Einwohnern der Dörfer rund um den See.

Eine Fahrt mit dem Motorboot über den See, das beschauliche Sich-treiben-

192

Lassen bei abgestelltem Motor, das In-sich-Aufnehmen einer romantischen Landschaft, eines blauen Sees, auf dem die so einfach gezimmerten Fischerboote treiben, unterstreichen diesen Wunsch noch. Die Krönung dieses einmaligen, fast kitschig zu nennenden Bildes sind die beiden Vulkane Tolimán (3150 m) und Atitlán (3550 m), die, hintereinander liegend, den See zu begrenzen scheinen. Die Bewohner der verstreut um den See liegenden Dörfer sind fast rein indianisch und gehören zum Stamme der Tzutuhul- oder Caqchiquel-Maya, die sich untereinander in ihrer eigenen Sprache verständigen.

193

Santiago de Atitlán

Vieles ist anders hier in Santiago de Atitlán. Beispielsweise das Baumaterial für die Häuser, die Pflastersteine der Straßen. Man verwendet hier häufig die zu Stein gewordene Lava der nahen Vulkane. Nach unseren Begriffen ist wenig los in dieser Stadt. Der einzige Abwechslung bildet der tägliche Markt. In der großen Markthalle werden.

neben Gemüse und Gewürzen die vielen verschiedenen Bananensorten angeboten, die in der guatemaltekischen Küche eine wichtige Rolle spielen. Dazwischen sitzen die Verkäufer, unterhalten sich und scherzen, so als

wären sie eigentlich gar nicht daran interessiert, ihre Ware zu verkaufen. Es gibt aber noch viel mehr zu sehen als nur die Früchte. Auch die wunderschönen, farbenfrohen Webwaren, die Teppiche und Taschen und die von den einheimischen Frauen hergestellten Kleidungsstücke verlangen Aufmerksamkeit, wie überhaupt alles hier: die Männer in ihren dreiviertellangen gestreiften Hosen, die breiten gewebten Gürtel, die obligatorischen, charakteristisch geformten Sombreros sind ebenso interessant anzuschauen wie die bunt gekleideten Frauen mit den wagenradähnlichen Kopfbedeckungen auf dem pechschwarzen Haar. Diese »Hut«-Form besteht aus einem langen

roten Band, dessen Ende mit einem
Blumenornament versehen ist und das
verschiedene Male um den Kopf
gewickelt wird. – Vor der Eroberung
durch die Spanier wurde von Santiago
de Atitlán aus einer der vielen Maya-
kleinstaaten regiert: das »Reich« der
Tzutuhul, die auch heute noch hier
leben. Es war die Tragik fast ganz Mittelamerikas, daß während der spanischen Eroberung viele dieser Kleinrei-
che untereinander verfeindet waren.
Diesen Umstand machten sich die
Eroberer zunutze, indem sie sich mal
mit diesem, mal mit jenem »Reich«
verbündeten, um das jeweils andere

niederzuwerfen. So geschah es auch hier: Neid und über Generationen andauernde Feindschaften wurden von dem alten Kampfgefährten Cortés', Pedro de Alvarado, brutal bei der Eroberung Guatemalas ausgenutzt. Gleich nach dem Sieg über die Tzutuhulen wurde jene Kirche erbaut, die noch heute am Rande des Hauptplatzes steht. Das fast ebenso alte Kreuz in der Mitte des Platzes wurde sicher zu dem damals üblichen Zweck der Massentaufe errichtet, um das sich die zusammengetriebenen Indios scharen mußten, um gemeinsam das Gelübde für den neuen, fremden Gott abzulegen.

197

Queriguá

Es gilt als sicher, daß das Zeremonial-
zentrum Queriguá eine Gründung der
Leute aus dem nur wenige Kilometer
entfernten Copán ist. Man geht davon
aus, daß Copán eine Art Oberhoheit
über Queriguá behielt, weil in den Stelen oft das Zeichen, die Emblemgly-
phe, von Copán zu finden ist. Es sind
nicht die Gebäudereste, die in Queriguá Aufmerksamkeit erregen, sondern
die 15 Stelen. – Als die Stätte gegen
Ende des vergangenen Jh. für die For-
schung wiederentdeckt wurde, lag sie
noch mitten im Urwald, der auch noch
heute die inzwischen freigelegte Stätte
begrenzt.
Anhand von Datenglyphen konnte

festgestellt werden, daß der Ort zu Anfang des 6. Jh. gegründet und zu Beginn des 9. Jh. wieder verlassen wurde. In dieser Zeit wuchsen die Selbstdarstellungen der Oberpriester oder Herrscher Queriguás, die auf den Stelen dargestellt sind, von 2,50 m bis auf eine Höhe von über 10 m. Eine dieser gigantischen Stelen wiegt – nach Westphal – an die 60 t und ist das größte freistehende Monument, das die Mayas je erschaffen haben. Es stammt aus dem Jahre 711 n. Z. und gehört zu einem Herrscher, der sich *Zweibeiniger Himmel* nannte. – Zum Schutze gegen die Witterung baute man den Stelen ein »Haus« und legte noch einen Zaun herum, damit die noch kaum entzifferten Glyphen nicht durch dauerndes Berühren Neugieriger beschädigt werden.

199

Copán

Der Grenzübergang von Guatemala nach Honduras, wo sich die Ausgrabungsstätte von Copán befindet, verlief entgegen anders lautenden Gerüchten völlig problemlos. Von diesem Übergang bis zu den Resten eines der größten Mayaorte (nach Tikal soll es die zweitgrößte Stadt gewesen sein) sind es nur ein paar Kilometer. – Man muß sich fragen, warum ein Ort wie Copán in der Größenordnung nicht *vor* Tikal lag, denn zumindest Wasser gab es durch den nahen Rio Copán genügend. Hingegen mußte in Tikal mit jedem Tropfen gegeizt werden. Das dem Urwald abgerungene Ausgrabungsgebiet ist auf den ersten Blick enttäuschend klein: Ein paar zwar reich verzierte Stelen, eine kleine Pyramide sind zunächst einmal alles. Doch nach dieser Pyramide geht es Schlag auf Schlag. Ein riesiges Gelände tut sich auf, und staunend erfährt man, daß der

201

Ort noch längst nicht vollkommen ausgegraben ist und daß man auch hier nicht weiß, wie die Stadt einst wirklich hieß. Man benannte sie einfach nach dem in der Nähe befindlichen Ort San José de Copán.

Die alte Mayastadt ist eine Gründung aus dem 4./5. Jh., die dann im 9. Jh. aus unbekannten Gründen verlassen wurde. Natürlich wurde sie auch von den spanischen Conquistadoren entdeckt, doch bald wieder vergessen, sicherlich, weil sich hier keine besonderen Schätze fanden. Bis auf ein paar zufällige Reisende, die hier vorbeikamen, blieb der Ort aber lange Zeit unbeachtet. Richtig bekannt wurde

Copán erst durch den amerikanischen Schriftsteller Stephens und seinen Begleiter, den Maler Catherwood, die den Ort auf ihren ausgedehnten Reisen in Yucatán und Guatemala wiederentdeckten. Stephens war sogar so beeindruckt von den vielen Bauwerken, Tempeln und Stelen, daß er den gesamten Ort von dem Besitzer des Landes, auf dem sich Copán befand, abkaufen wollte. Der Kaufpreis von 40(!) Dollar war praktisch schon ausgehandelt. Stephens wollte alles in New York in einem extra dafür zu schaffenden Freilichtmuseum wieder aufbauen lassen. Glücklicherweise zerschlug sich aber dieses Geschäft wieder, und der Besu-

cher kann die von Bäumen und Sträuchern befreiten Ruinen und ihre Geheimnisse an Ort und Stelle bewundern: eine »Treppe der Hieroglyphen« mit weit über 2000 größtenteils noch nicht entzifferten Schriftzeichen, Darstellungen zu einem in Copán abgehaltenen »astronomischen Kongreß« (folgende Seite, unten links), Maskendarstellungen von Göttern, der sogenannte »alte Mann« – ein Kolossalkopf mit detaillierter Ausarbeitung – und nicht zuletzt den »Ballspielplatz« mit seinen 30 m Länge, an dessen Seiten sich statt der sonst üblichen Ringe vogelkopfähnliche Markierungen befinden.

Süden vom Pazifik und im Nordwesten von der Karibik. Aus dem Relief tauchen hohe Bergspitzen auf, und Leif erzählt, daß einige davon über 4000 Meter hoch sind, manche davon sind noch als Vulkane tätig, die noch vor nicht allzulanger Zeit ganz schön gewütet haben.

Von den vielen Flüssen, die Guatemala durchqueren, und die teils in die Karibik, teils in den Golf von Mexiko und teils in den Pazifik fließen, fällt mir ein »alter Bekannter« aus Mexiko auf, der *Usumacinta*, der im mexikanischen Staat Tabasco in den Golf fließt. Dort gingen ja zum ersten Mal Spanier an Land. Hier, in Guatemala, trägt der Fluß noch den erweiterten Namen Usumacinta de Petén, was soviel wie Fluß der Affen bedeutet. Stolz auf die indianische Vergangenheit einerseits, und weil sich am Fluß oder in seiner Nähe viele Mayaruinen befinden, wird der Usumacinta von den Guatemalteken auch gern der »Nil Mittelamerikas« genannt.

Wettbewerb der Flüsse

Usumacinta oder der in den Golf von Honduras fließende *Motaguá* streiten sich darum, welcher wohl der längste Fluß Guatemalas ist. Wie so häufig, ist es eine Frage der Betrachtungsweise. Ganz gleich, wer nun der Sieger ist, die landschaftliche Schönheit bei der Fahrt durch das Motaguátal ist unvergeßlich. Fast ist es eine Fahrt durch den Urwald, der manchmal von den rechts und links aufragenden Felsschluchten unterbrochen wird. Auch hier pflegt der Staat die Vergangenheit, und der Besucher trifft auf eine ausgezeichnete archäologische Zone mit Stelen und Tempeln. Die Mayastätte *Quiriguá* ist erreicht. Bis dicht an die freigelegten Tempel stehen die hohen Urwaldbäume. Wir befinden uns hier, sagt Leif, in einem Mayaort aus dem 6. Jahrhundert. Die besondere Ausarbeitung der Gesichter, die Kleidung und der Schmuck der auf den Stelen dargestellten Menschen ist einmalig für den gesamten Raum. Viele Zeugnisse der Maya schlummern noch im Urwald oder sie sind, kaum daß man sie freigelegt hat, von diesem wieder überwachsen worden.

Kleiner Abstecher nach Honduras: Copán

Ein Holzhaus steht am Weg, eine Schranke versperrt die Weiterfahrt. Wir sind am Grenzübergang nach Honduras. Die guatemaltekischen Grenzer sind freundlich, aber zeitraubend genau. Alles muß angegeben werden und wird notiert. Fotoapparate und die Anzahl der Filme sind besonders interessant. Einer der Soldaten schreibt, drei andere liegen in den Hängematten. Vor uns steht ein Pkw, der sein gesamtes Gepäck ausladen muß, und an dem man leider nicht vorbeifahren darf. Die Grenzabfertigung in Honduras ist da schneller, und wir können unsere Fahrt gleich fortsetzen.

Copán ist die südlichste Mayastadt überhaupt und nach Tikal gilt sie als deren zweitgrößte Niederlassung. Besonders eine von einem Holzdach geschützte Steintreppe fällt auf, auf deren Stufen weit über zweitausend Schriftzeichen – die meisten davon noch nicht entziffert – eingearbeitet sind. Hier in Copán fanden verschiedene astronomische Kongresse statt, die teilweise mit Datierung auf den Reliefs festgehalten wurden. Diese Kongresse führten dann zu den Berechnungen des Mayakalenders. Der heutige Besucher Copáns kann – vielleicht – von Glück sagen, daß er die alte Mayastadt noch an Ort und Stelle findet, denn eigentlich wollte sie der amerikanische Forscher und Hobbyarchäologe Stephens, so wie sie war, in die Vereinigten Staaten transportieren, um dort ein Riesenmuseum zu errichten. Der Kaufpreis von ungefähr 50 Dollar (!) war bereits bezahlt. Der Besitzer des Terrains konnte es nicht fassen, daß eine solche »Riesensumme« für diese lächerlichen Steine bezahlt würde.

Pyramiden höher als die Bäume des Urwalds: Tikal

Tikal gilt als die größte Mayastadt, die je entdeckt wurde. Wie viele andere Mayastädte auch, liegt sie mitten im Urwald und ist noch längst nicht freigelegt. Wer das Glück hat, in der kleinen Propellermaschine, von Guatemala City kommend, am Fenster zu sitzen, sieht die teilweise von Lianen und Gestrüpp bewachsenen Pyramidenspitzen aus dem Grün der Baumriesen des Urwaldes herausragen. Begeisternd dieser Flug, der Reisende kann die Zeit bis zur Landung kaum erwarten, möchte am liebsten mit dem Fallschirm abspringen, um ja schnell dort zu sein. Dabei landet das Flugzeug schon lange nicht mehr in unmittelbarer Nähe der Pyramiden, sondern viel weiter weg in Flores, und erst eine Busfahrt bringt ihn zu dem ersehnten Ziel. Aber wieso die größte Mayastadt? Flächenmäßig gesehen ist das, was man hier sieht, nicht gerade überwältigend: ein großer Platz, der an beiden Enden von steilen, hohen Pyramiden begrenzt wird, ein paar Stelen, am Rand die Ruinen eines größeren Gebäudes. Auf mindestens eine dieser Pyramiden *muß* man hinauf, muß man die schmalen, steilen Stufen unbedingt bis nach oben steigen. Man sieht von hier – zumindest teilweise – die wahre Ausdehnung der Stadt – und schon beginnt auch wieder die Furcht vor dem Hinuntersteigen: Mit dem Gesicht nach vorn, ganz normal, oder besser mit dem Gesicht den Stufen zugewandt, auf allen vieren? Wie, fragt man sich, machten das die Maya?

Und was man von der Stadt nicht sehen kann, hat man errechnet, und so kam Tikal zu dem

Ruhm, daß es eine der größten – oder die größte? – Mayastadt überhaupt war. Man schätzt ungefähr 2800 bis 3000 Gebäude, in denen ungefähr 12 000 Menschen gelebt haben. Für eine Mayastadt inmitten des Urwaldes ist das viel. Ohnehin bleibt die Frage, warum die Maya hier schon einige hundert Jahre vor der Zeitrechnung siedelten, wo es doch nicht genügend Wasser für die ständig wachsende Bevölkerung gab. Der Regen wurde als feste Größe im Leben der Bewohner dieses Ortes einbezogen, davon zeugen die vielen gefundenen Wasserreservoire. Als die Maya dann eines Tages aus bisher unerfindlichen Gründen ihre Stadt verließen, wurde Tikal, der »Ort, wo die Geisterstimmen ertönen« schnell wieder vom Urwald überzogen. Der Name paßt so recht in die Vorstellungswelt, die *wir* von den Maya haben – nur, wie die Maya selbst diesen Ort nannten, weiß heute niemand mehr zu sagen. Das gilt übrigens für alle anderen Mayastätten ebenso. Ein Tip für besonders Interessierte: einige Gegenstände, die unter den Pyramiden, unter Stelen und Gräbern gefunden wurden, können im Museum besichtigt werden.

»Al cielo quiero ir«: Chichicastenango

»In den Himmel will ich gehen«, ist der sich ewig wiederholende Singsang der Indios in der Kirche Santo Tomás in *Chichicastenango*. Ich mußte mir diesen Satz erst langsam von einem Bekannten ins Ohr sagen lassen, denn in der Kirche selbst ist nur ein fortwährendes Gesumme zu hören – und da jeder der Neuhinzukommenden irgendwann mit diesem Satz anfängt, ist er nie zu verstehen. Aber der Reihe nach.

Von Guatemala City fährt man ungefähr drei Stunden mit dem Bus zum Ort Chichicastenango. Eigentlich wird hier nur der Markt angepriesen. Aber der Ort hat auch eine am Markt stehende Kirche, die von *Santo Tomás*, und die ist viel interessanter als die vielen Marktstände.

Jedenfalls wirkt der breite Treppenaufgang so, auf dem verteilt einige Dutzend Indios sitzen, hocken oder stehen. Am Fuße der Treppe, die übrigens früher zu einem indianischen Heiligtum führte, steht ein steinerner Räucheraltar, an dem die Indios noch heute die mit Kopal gefüllten Gefäße entzünden. Je näher man der Eingangstür zur Kirche kommt, um so mehr Indios stehen dort und schwenken ihre Gefäße und beten dabei zu ihren alten Göttern. Oft sind sie in den Rauchschwaden gar nicht mehr zu erkennen. »Al cielo quiero ir«! Soweit kann der fremde Besucher noch mitgehen. In die Kirche geht er besser durch einen Seiteneingang. Es ist ein wirklicher Ort der Andacht, und völlig überflüssig erscheinen die riesigen Hinweisschilder im Kircheninneren, daß das Photographieren hier nicht gestattet sei.

Strafe für die Heiligen · An der zum Seiteneingang führenden Wand stehen die hölzernen Nachbildungen einiger Heiliger. Sie sind ungefähr einen

207

Meter groß, angemalt, teilweise abgegriffen. Die müssen zur Strafe draußen stehen, damit sie so richtig spüren, wie heiß die Sonne ist, erklärt mein Begleiter, denn den Regen, um den man sie angefleht hat – einige sauer verdiente Pesos sind dafür auch in den Klingelbeutel gelegt worden – haben sie bis heute nicht geschickt.

Nur langsam gewöhnt man sich an das schummerige Licht im Inneren der Kirche. Das Mobiliar ist dürftig, nur ein paar Holzbänke stehen rechts und links von einem breiten Mittelgang. Auf kleinen Erhöhungen brennen hier unzählige Kerzen, vor denen Indios hocken. Der eintönige Singsang vermischt sich mit den Schwaden, die aus den Kopalgefäßen von draußen kommen. Neugierig betrachtet man die an der Wand stehenden Heiligen in ihrer indianischen Kleidung, das Gemälde der Jungfrau, den Altar, und nur verstohlen beobachtet man die Indios bei der Ausübung ihres Gottesdienstes. Nicht weit außerhalb des Ortes wird von den gleichen Kirchenbesuchern auf althergebrachte Weise die uralte steinerne Darstellung des Fruchtbarkeitsgottes, *Pascual Abaj*, verehrt. Sicher ist sicher!

Der Markt · Sonntags ist der große Platz vor der Kirche voller Marktstände, die so eng zusammenstehen, daß man manchmal kaum hindurch kann. Und wenn zwischen zwei Ständen wirklich noch ein Meter Platz frei sein sollte, richtet sich dort sofort ein Kleinststand ein, in dem beispielsweise die unvermeidlichen Tortillas gebacken werden. Man muß sich ansehen, wie auf diesem engen Raum noch ein rundes Dutzend kleiner Töpfe Platz findet, in denen sich die verschiedenen Beilagen befinden, die dann so einem vor Fett triefenden Teigstück (Enchillada) erst den richtigen Geschmack geben. Für den ausländischen Besucher ist der Verzehr einer solchen Enchillada eher eine Mutprobe, denn außer den fremden Gewürzen sind auch die lediglich in kleinen Schüsselchen immer wieder abgewaschenen Teller nichts für unsere an Superhygiene gewohnten Därme. An anderer Stelle erinnert der Markt eher an einen Trödelmarkt. Stapelweise liegen Textilien auf der Erde – vielleicht großmütige Spenden, die aus wohlhabenden Ländern kommen –, und fast immer steht eine Gruppe Kauflustiger herum.

An anderen Ständen werden alte Waffen aus der Zeit der spanischen Eroberung angeboten, angeblich echte, jetzt verrostete Degen oder Säbel, alte Flinten oder Pistolen. Und für die Zeit des Karnevals werden Hunderte hölzerner Masken verkauft, die in den meisten Fällen die blassen Gesichter der Spanier aus der Zeit der Conquista zeigen: Offiziere, Soldaten und »Mohren«: das Gemisch der ersten Eroberer.

Ein Gang durch den Ort · Die meisten Häuser von Chichicastenango sind ebenerdig, davor ein schmaler Gehsteig. Die eigentliche Fahrstraße ist grob gepflastert. In den offenen Hausfluren sind häufig Werkstätten untergebracht. Hauptverkehrsmittel sind die kleinen japanischen Lastwagen, die fast überall in der dritten Welt zu finden sind. Sehr oft, sicher weil am billigsten, keuchen indianische Lastträger unter ungeheuren Paketen.

Ganz anders als die rohen Brettertische der cantinas auf dem Markt ist das Restaurant, in dem ich mit einer Gruppe amerikanischer Touristen zum

Essen einkehrte. Weiß gedeckte Tische in einem mit duftenden Blumen bewachsenen Innenhof, Marimbaspieler in indianischer Kleidung, das Geschrei bunter Papageien um sich, bescheiden wirkende – indianische – Kellner. Das Menü besteht aus fünf Gängen, dazu gibt es Wein oder Bier. Natürlich ist das Essen gut – aber irgendwie hat man einen Kloß im Hals, fühlt sich unbehaglich unter den freundlichen Blicken der Kellner. Fragen möchte man stellen nach dem Woher, nach der Familie, nach der Wohnung, nach... Aber es ist sicher besser, wenn man nicht fragt.

Paradiesische Landschaft am Atitlán-See

Ein blauer See, umrahmt von Bergen, von zwei Vulkanen an der einen Seite, dem Toliman und dem Atitlán. Die schönste Landschaft der Welt? Gewiß, mit solchen Behauptungen soll man vorsichtig sein, es wird aber kaum jemanden geben, der beim Anblick dieses blauen Sees mit dem bergigen Hintergrund, dem blauen Himmel und der lachenden Sonne nicht wenigstens einen Augenblick lang denken wird, daß er hier gern leben möchte. In einer solchen Landschaft kann es auch nur freundliche Menschen geben! Mit einem großen Motorboot bin ich zusammen mit einer Gruppe scherzender Einheimischer von der einen Seite des Sees hinübergefahren zur anderen, nach *Santiago de Atitlán*. Auf dem See stehen verschiedentlich Angler in ihren so eigenartig geformten, selbstgebauten Booten. Drüben in Santiago ist jeden Tag Markt, und der lockte mich, weil ich mir die Menschen und das Warenangebot dieser Gegend ansehen wollte.

Auf der Straße, die von der Anlegestelle bis zum Markt führt, sitzen schon die Händler, um die zum Markt gehenden Menschen für ihre bunten Webwaren zu interessieren. Die Frauen mit ihren radähnlichen Kopfbedeckungen, die sie sich aus einem langen, meistens roten Band wickeln, lenken zumindest die Blicke des Fremden auf sich. Kaum jedoch hat man die Kamera erhoben, winken sie ab und nennen ihren Preis: ein Quetzal für eine Aufnahme, was ungefähr einem halben amerikanischen Dollar entspricht. Auch die niedlich angezogenen Kinder nennen einen Preis und laufen sofort weg, wenn man nicht zahlen will. Am besten packt man die Kamera erst gar nicht aus, denn auf dem Markt kann man dann die gleichen Motive – einige Geschicklichkeit vorausgesetzt – auch ohne Bezahlung bekommen. Ich will aber auch gleich betonen, daß ich nicht unbedingt zu den Motivjägern gehöre, denn manches Mal kommt mir das schon etwas unwürdig vor. Andererseits reizen natürlich die so karibisch angezogenen Männer und Frauen vom Stamme der *Tzutuhil* mit ihren bunten Bekleidungen, die Männer mit den dreiviertellangen Kniehosen und die Frauen mit den schon erwähnten Kopfbedeckungen zum Photographieren. In einer am Rande des Marktplatzes stehenden Halle wurden hauptsächlich nur Bananen verkauft. Wer an die auf unseren

209

europäischen Märkten angebotenen gleichmäßig großen Bananen gewöhnt ist, staunt hier über die Vielzahl großer, mittlerer und kleiner Bananen, die zu allen möglichen Rezepten verwendet werden. Fast scheint es, als sei hier die Banane das Nahrungsmittel Nummer eins.

Noch ein Markt: Sololá

Von Santiago aus gesehen, liegt Sololá auf der anderen Seite des Sees. Und während die eine Stadt direkt am See liegt, muß man über 2000 Meter hoch fahren, um nach Sololá zu kommen. Nur um hier noch einen weiteren Namen hinzuzufügen, sei gesagt, daß es sich hier um das Wohngebiet der *Caqchiquelmayas* handelt, die zwar fast alle den christlichen Glauben angenommen haben, trotzdem aber – letzten Endes weiß man nie, welches der richtige ist – auch noch ihren alten Gebräuchen nachgehen. Wer es so einrichten kann, daß er in Sololá am Freitag, dem Markttag, ankommt, findet den ansonsten verhältnismäßig ruhigen Ort besonders belebt, denn dann kommen die Indios aus den Dörfern der Umgebung mit ihren Waren herbei. Gruß aus der deutschen Heimat ist die an eine Hauswand gemalte Reklame des Chemiekonzerns Bayer.

Station kurz vor dem Ende der Reise: Antiguá

Gründer dieser Stadt, die lange Zeit die Hauptstadt Guatemalas war und die ursprünglich *Santiago de los Caballeros* hieß, war Pedro de Alvarado. Wir lernten diesen spanischen Ritter schon in Tenochtitlán kennen. Damals wurde er von Cortés in Tenochtitlán zurückgelassen, als dieser dem Narvaes entgegenzog. Wir erinnern uns an das Massaker, das er unter den Azteken anrichtete.

Antiguá ist eine Stadt im Pech, denn mehrfach wurde sie von starken Erdbeben zerstört. Immer wieder wurde sie von ihren Einwohnern verlassen, immer wieder kehrten diese nach einiger Zeit zurück und bauten ihre Häuser wieder auf. Erst nach dem besonders starken Beben von 1773 wurde die Stadt endgültig als Hauptstadt aufgegeben. Seither heißt sie Antiguá und kaum jemand erinnert sich an ihre einstige Pracht, die einst der von Mexiko und Lima in Peru gleichkam. Die ehemaligen prunkvollen Gebäude, von denen einst die Geschicke Zentralamerikas gelenkt wurden, bestehen heute fast nur aus Ruinen oder restaurierten Fassaden. Immerhin sind sie noch so eindrucksvoll, daß die Stadt zum »Monument Amerikas« erklärt wurde. Man kann kaum glauben, daß die so greifbar dicht erscheinenden Vulkankegel, die dieser Landschaft ein so einzigartiges schönes Gepräge geben, von Zeit zu Zeit Tod und Verderben ausspeien.

Gouverneur von Guatemala: eine Frau.
Noch einmal muß der Name Alvarado erwähnt werden. Zwar weiß ich nicht, ob die nachfolgende Geschichte auf Wahrheit beruht, sie wurde mir aber vom Leiter des Museums in Antiguá erzählt. Danach soll die Frau des Alvarado, eine Spanierin aus höchsten Adelskreisen, nach dessen Tod im fernen Mexiko, zur Gobernada, Gouverneurin, ernannt worden sein. Allerdings konnte sie dieser Ehre nur einen Tag nachkommen, denn am folgenden Tag bebte die Erde, und *Beatriz de la Cueva*, so hieß die Dame, kam in den Trümmern ihres Regierungspalastes um – andere sagen, daß sie in den gewaltigen Wassermassen, die das Beben mit sich brachte, ertrank. Alvarado, dessen Leichnam man nach Antiguá brachte, und seine Gattin wurden in der jetzt vom Erdbeben zerstörten Kathedrale begraben. Unter freiem Himmel liegt im Inneren dieses Kirchenhauses ein verwitterter Gedenkstein, auf dem mit einiger Mühe die Namen einiger bekannter Personen zu entziffern sind, denn außer den Brüdern Alvarado liegt dort auch noch die Schwester der Beatriz, Leonarda und auch Bernal Diaz del Castillo, der der ständige Begleiter auf Cortés' Zügen durch Mexiko und Honduras war. Diaz ist auch der Autor des Buches über die »Wahrhafte Geschichte der Entdeckung und Eroberung Mexikos«, einer Chronik von unschätzbarem Wert. Letztlich findet sich auch der Name von Doña Luisa Xicotencatl auf dem Stein, jener Indioprinzessin, die Alvarado in Tlaxcala geheiratet hatte.

Die Hauptstadt: Ciudad de Guatemala

Wie eben gelesen, blieb Antiguá nach dem großen Erdbeben von 1773 nicht länger die Hauptstadt des Landes. Der spanische König benötigte zwei Jahre, ehe er sich dazu entschloß, die neue Hauptstadt – Ciudad de Guatemala – in dem einige Kilometer weiter östlich gelegenen Las-Vacas-Tal zu erbauen. Aber auch dieser Ort war nicht erdbebensicher. Noch 1976 wurden auch hier durch ein Erdbeben schwere Verwüstungen angerichtet.

Als Orientierung für das ganze Land kann ich nur noch einmal auf die detailgetreue Reliefkarte des Landes im Minervapark verweisen, die ich schon zu Anfang dieses Guatemala-Kapitels erwähnte. Ein kleiner Ausflug lohnt noch in einen der Vororte der Stadt. Hier kann man in einem archäologischen Park die gesammelten Stücke einer präkolumbianischen Siedlung besichtigen, bei der sich, so jedenfalls sagen die Archäologen, Einflüsse der Teotihuacán-Kultur aus dem fernen Mexiko ablesen lassen.